权威·前沿·原创

皮书系列为
"十二五""十三五"国家重点图书出版规划项目

BLUE BOOK

智库成果出版与传播平台

美好生活蓝皮书

BLUE BOOK OF
A BETTER LIFE

中国民众美好生活研究报告
（2020）

ANNUAL REPORT ON PEOPLE'S BETTER LIFE
(2020)

主　编／王俊秀　乌云特娜
副主编／七十三　侯　友

社会科学文献出版社
SOCIAL SCIENCES ACADEMIC PRESS (CHINA)

图书在版编目（CIP）数据

中国民众美好生活研究报告. 2020 / 王俊秀，乌云
特娜主编. —— 北京：社会科学文献出版社，2020.8
（美好生活蓝皮书）
ISBN 978 - 7 - 5201 - 6172 - 5

Ⅰ.①中… Ⅱ.①王… ②乌… Ⅲ.①居民生活 - 生
活质量 - 研究报告 - 中国 - 2020 Ⅳ.①D669.3

中国版本图书馆 CIP 数据核字（2020）第 026411 号

美好生活蓝皮书
中国民众美好生活研究报告（2020）

主　　编／王俊秀　乌云特娜
副 主 编／七十三　侯　友

出 版 人／谢寿光
责任编辑／吴　丹
文稿编辑／白　云

出　　版／社会科学文献出版社·皮书研究院（010）59367235
　　　　　地址：北京市北三环中路甲 29 号院华龙大厦　邮编：100029
　　　　　网址：www.ssap.com.cn
发　　行／市场营销中心（010）59367081　59367083
印　　装／天津千鹤文化传播有限公司

规　　格／开　本：787mm × 1092mm　1/16
　　　　　印　张：15.5　字　数：229 千字
版　　次／2020 年 8 月第 1 版　2020 年 8 月第 1 次印刷
书　　号／ISBN 978 - 7 - 5201 - 6172 - 5
定　　价／128.00 元

本书如有印装质量问题，请与读者服务中心（010 - 59367028）联系

中国民众美好生活研究报告（2020）
编 委 会

研创单位

内蒙古师范大学心理学院
中国社会科学院社会学研究所社会心理学研究中心

本年度战略合作单位

中国社会科学院－上海市人民政府上海研究院
智媒云图

　　本书是国家社会科学基金重大项目"社会心理建设：社会治理的心理学路径"（项目批准号 16ZDA231）资助成果。

　　本书出版得到了内蒙古自治区高校人文社科重点研究基地——内蒙古心理教育研究中心的资助。

主编简介

王俊秀　中国社会科学院研究生院发展社会学博士，中国社会科学院社会学研究所社会心理学研究室主任、社会心理学研究中心主任，研究员，博士生导师，内蒙古师范大学心理学院教授。国家社会科学基金重大项目"社会心理建设：社会治理的心理学路径"（项目批准号 16ZDA231）首席专家。中国社会科学院国家治理智库研究员，中国社会科学院新媒体研究中心特聘研究员。中国社会心理学会副会长，大数据网络心理学专业委员会主任、环境心理学专业委员会副主任、应用心理学专业委员会副主任。中国社会学会犯罪社会学专业委员会副会长。美国加州大学洛杉矶分校社会学系访问学者。主要研究方向：(1) 社会心态，在《社会学研究》《社会》《社会学评论》《新华文摘》《中国社会科学文摘》《江苏社会科学》《社会科学战线》《光明日报》上发表《社会心态：转型社会的社会心理研究》《社会心态的结构和指标体系》《作为社会心态能量的社会情绪》等 20 多篇社会心态的论文和研究报告，出版了专著《社会心态理论：一种宏观社会心理学范式》，与人合著《当代中国社会心态研究》，从 2011 年起主编"社会心态蓝皮书"；(2) 监控社会，出版了专著《监控社会与个人隐私》；(3) 风险社会，主要关注风险的社会认知，个人与社会视角下的风险防范，完成了中国社会科学院国情调研重点课题"风险认知与风险行为策略——民众风险心态测量与调查"，主持 2010 年度国家社会科学基金项目"个人与社会关系视角下的公共风险规避与应对"；(4) 汽车社会，主编了《汽车社会蓝皮书：中国汽车社会发展报告（2011）》《汽车社会蓝皮书：中国汽车社会发展报告（2012~2013）》。

摘　要

本书考察了民众美好生活需要的基本状况，分析了青年群体特征、区域城市特征和社会阶层因素的影响。研究团队编制"美好生活需要量表"，并进行全国范围民众的美好生活需要测量。结果表明，民众对国家社会、家庭关系和个人物质三个维度的美好生活需要均较高，对于国家层面和家庭关系维度的需要更为重视。不同性别、不同年龄、不同受教育程度、不同月收入群体的美好生活需要存在一定差异。青年群体对国家社会和家庭关系维度的美好生活需要的评价更高，并且 18～25 岁群体的评价高于 26～35 岁群体。随着受教育程度和月收入的提高，美好生活需要的程度越强，通过比较四大地区，不同等级（发展水平）城市，京津冀、长三角、珠三角三大城市群的美好生活状况，发现中部地区民众的美好生活体验最差；三线城市民众的美好生活体验最好，二线城市民众对美好生活的体验最差。

在评价篇部分，本书考察了民众的生活质量和美好生活状况，并在此基础上探讨了美好生活需要和美好生活体验对心理健康的影响。研究者通过考察和对比民众在生理、心理、社会关系和环境四个维度的生活质量评价，发现民众在生理维度和社会关系维度的得分最高，在环境维度的得分最低；女性仅在生理维度上显著高于男性，其他维度无显著性差异。关于美好生活需要对个体心理健康的影响的研究，发现美好生活需要的三个维度对心理健康的影响均显著，美好生活需要和消极的情绪状态均呈现显著的负相关。

在体验篇部分，本书探讨了家庭亲近指数、人际交往对美好生活需要和美好生活体验的影响、居民文化活动参与状况、社交软件的使用状况及其对幸福感影响等相关议题。家庭亲近指数以家庭生活空间为场景和载体，构建了居住紧密度、观念契合度、情感共鸣度、沟通紧密度、矛盾冲突度这五个

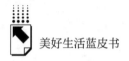

维度的指标体系，将中国家庭类型分为完美和谐型、细水长流型、矛盾冲突型、价值观一致型、沟通紧密型、情感共鸣型和空间团结型。邻居交往频率和社会支持系统对个体的美好生活需要和美好生活体验有积极的影响；有社会支持系统的个体的美好生活需要较强烈，美好生活体验也较好。不同文化活动的参与程度存在显著年龄差异，"80 后"群体参与文化活动的数量最少。绝大多数调查对象表示会使用一些社交软件记录自己的生活，其中，微信、QQ 和新浪微博是使用率最高的三种社交软件，调查对象利用手机消费和使用社交软件记录生活的情况能够显著正向预测其幸福感。

关键词： 中国民众　美好生活　美好生活需要量表

目　录

Ⅳ　体验篇

皮书数据库阅读**使用指南**

总 报 告

General Report

B.1

民众美好生活需要测量
分析报告（2020）

王俊秀　刘晓柳*

摘　要： 党的十九大报告明确指出，"我国社会主要矛盾已经转化为
人民日益增长的美好生活需要和不平衡不充分的发展之间
的矛盾"。满足民众不断增长的美好生活的需要不仅受到党
和国家的重视，民众美好生活需要的满足也被社会学、心
理学等多个领域所重视。本研究通过课题组编制的"美好
生活需要量表"进行全国范围民众的美好生活需要测量。
结果表明，民众对国家社会、家庭关系和个人物质三个维

* 王俊秀，中国社会科学院社会学研究所社会心理学研究室主任、社会心理学研究中心主任，
研究员、博士生导师，内蒙古师范大学教授，国家社会科学基金重大项目"社会心理建设：
社会治理的心理学路径"首席专家，研究方向为社会心态、风险社会；刘晓柳，中国社会科
学院社会学研究所博士后、助理研究员，研究方向为心理健康、幸福感、社会心态。

度的美好生活需要均较强烈，不同性别、不同年龄、不同
受教育程度、不同月收入群体的美好生活需要存在一定差
异。最后，本研究也对新型冠状病毒肺炎疫情前和疫情中
民众美好生活需要的得分进行了对比，考察疫情对美好生
活需要的影响。

关键词： 美好生活需要　美好生活需要量表　新型冠状病毒肺炎

一　引言：了解民众美好生活需要

党和国家很重视对人民美好生活需要的满足，在 2012 年中国共产党第
十八届中央委员会第一次全体会议的记者招待会上，习近平总书记指出，
"人民对美好生活的向往，是我们的奋斗目标"。习近平总书记还指出，"人
民群众的需要呈现多样化多层次多方面的特点，期盼有更好的教育、更稳定
的工作、更满意的收入、更可靠的社会保障、更高水平的医疗卫生服务、更
舒适的居住条件、更优美的环境、更丰富的精神文化生活。在解决人民温饱
问题、实现总体小康水平的基础上，人民美好生活需要日益广泛，不仅对物
质文化生活提出了更高要求，而且在民主、法治、公平、正义、安全、环境
等方面的要求日益增长"。十九大报告中明确指出"中国特色社会主义进入
新时代，我国社会主要矛盾已经转化为人民日益增长的美好生活需要和不平
衡不充分的发展之间的矛盾"。

学术界对于美好生活需要的内涵进行了一定的探讨。陈纯仁和王迪认
为，美好生活包括丰富的物质文化生活、生活需要有尊严有体面，以及人和
自然的和谐相处三个方面。蒋玲指出，人民日益增长的美好生活需要是与当
下的社会生产力状况紧密贴合的，目前人们的需求已经从 20 世纪 50 年代新
中国刚成立的"一穷二白"、80 年代改革开放初期的"让一部分人先富起

来"发展为现在中国特色社会主义现代化建设取得巨大成就的"共同富裕"。郁有凯则提出了更为具体的内容，认为人们对美好生活的需要包括了对物质文化、生态环境、民主法治、公平正义、安全保障等方面的需要，民众普遍性地希望自己能够生活得更有价值、更有意义。学者高桂梅针对目前已有的美好生活需要进行了研究的综述。整体来讲，这部分研究主要依据社会学的相关理论，自上而下地探讨社会层面对人们美好生活需要的理解。

而心理学的相关理论，则从个体层面的角度对美好生活需要进行了自下而上的理解。马斯洛著名的需要层次理论认为，个体的需要从低到高包括了生理的需要、安全的需要、爱与归属的需要、自尊的需要和自我实现的需要，从低到高表达了需要驱动力的强弱及对生存的必要性，只有较低需要被满足之后个体才会产生更高层次的需要。从这个角度来说，民众在满足了基本的温饱需求之后，更多地在寻求关系和谐的需要、自我被肯定的需要以及实现人生价值贡献社会的需要。德西和瑞恩提出的自我决定理论（self-determination theory）强调，如果想要理解个体的动机，必须要考虑内在的心理需求，基本的心理需求包括能力的需要、自主性的需要和与他人产生关联的需要。而德威克则认为，个体的心理需要既包括了基本需要，也包括了复合需要。德威克还提出了四种复合需要，包括信任的需要、控制的需要、自尊的需要、自我整合的需要。其中，信任的需要是基于被接纳的需要和可预测可控的需要，控制的需要是基于可预测可控的需要和能力的需要，自尊的需要是基于被接纳的需要和能力的需要，而自我整合的需要是基于全部三种基本需要。基本需要理论的提出是提醒社会关注每个人最基本的权利，优先满足这些基本需要才能使得社会更好发展，这在中国努力进入全面小康时代至关重要。但在"后小康时代"，需要问题发生了根本变化，不断提升的美好生活需要是超越基本需要的，民众在不同时期的美好生活需要也是不同的，这就需要我们不断调查、研究，切实了解民众普遍的美好生活需要，才能在社会政策中进行必要的调整，才能不断满足民众的美好生活需要。

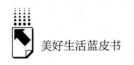

二 研究方法：样本及工具

（一）研究过程

本研究共包括四个阶段的子研究，调查时间为 2019 年 1 月 9 日~2 月 22 日。每个研究以前一阶段研究的结果为依据，循序渐进地描绘民众心中的"美好生活需要"。从最开始通过不设限制的自由联想技术收集民众关于"美好生活需要"的相关词汇，进而对高频词汇进行分类，通过设定的测量目标和词汇所在分类编写量表条目，根据两轮前测修订了"美好生活需要量表"，最后使用该量表在全国范围内进行美好生活需要调查。

"美好生活需要量表"旨在测量个体心目中的美好生活都需要什么、应该拥有哪些元素，要求被调查者根据自己理想中的美好生活评定每个条目的"重要程度"。

（二）样本人群

本次调查是通过智媒云图研发的问卷调研 App "问卷宝"，向在线样本库的全国用户（共约 110 万人，覆盖全国 346 座地级城市）推送问卷。问卷收回后，课题组依据陷阱题、答题完成情况等对问卷进行筛选。调查最初共收回全部作答问卷 10359 份，经筛选最终得到成人有效问卷 8560 份，问卷有效率为 82.6%，其中男性为 5735 人（67.0%）、女性为 2825 人（33.0%），年龄范围是 18~78 岁，平均年龄为 31.0±9.7 岁。调查对象来自北京、安徽、福建、甘肃、广东、广西、贵州、海南、河北、河南、黑龙江、湖北、湖南、吉林、江苏、江西、辽宁、内蒙古、宁夏、青海、山东、山西、陕西、上海、四川、天津、西藏、新疆、云南、浙江和重庆 31 个省、自治区和直辖市。

（三）测量工具

本研究采用了课题组编制的"美好生活需要量表"，该量表采用 18 道题目来测量受访者对美好生活需要中国家社会、家庭关系和个人物质三个维度的评价，测量采用李克特 11 点计分，要求被试根据自己理想中的美好生活评定每个条目的"重要程度"（1 分 = "非常不重要"，11 分 = "非常重要"）。样题包括"世界和平""家人团圆""有钱花"。在子研究三中，总量表（18 个条目）内部一致性信度为 0.942，国家社会维度（8 个条目）内部一致性信度为 0.926，家庭关系维度（5 个条目）内部一致性信度为 0.828，个人物质维度（5 个条目）内部一致性信度为 0.875。结构效度的检验结果表明，国家社会维度、家庭关系维度、个人物质维度与总平均值的相关分别为 0.931、0.924、0.912，且均达到 0.01 的显著性水平。各条目题总相关见表 1。

表 1 "美好生活需要量表"各条目题总相关

维度	条目	题总相关
国家社会	世界和平	0.781 **
	社会和谐	0.829 **
	社会稳定	0.833 **
	司法公正	0.820 **
	社会文明	0.840 **
	民主制度	0.804 **
	国家富强	0.813 **
	安全的生活环境	0.828 **
家庭关系	家人团圆	0.800 **
	家庭温馨	0.816 **
	相亲相爱的家人	0.810 **
	亲密爱人	0.760 **
	爱情甜蜜	0.774 **
个人物质	有钱花	0.794 **
	得到享受	0.775 **
	富足的物质生活	0.803 **
	去旅游	0.649 **
	满意的收入	0.816 **

注：*** 表示 $p < 0.001$，** 表示 $p < 0.01$，* 表示 $p < 0.05$，下同。

通过探索性因素分析初步探究量表各条目与各维度的对应关系，各条目的载荷进行了斜交旋转，结果表明，"美好生活需要量表"的内部结构基本和词汇分类阶段相同，个别家庭关系维度的条目在国家社会维度上也有载荷，说明家庭关系维度也受到国家社会维度的影响，三个因子累计解释了总变异的75.39%。具体载荷见表2。

表2   "美好生活需要量表"探索性因素分析

条目	探索性因素		
	1	2	3
世界和平	0.796	− 0.062	0.101
社会和谐	0.883	− 0.024	0.031
社会稳定	0.906	− 0.036	0.020
司法公正	0.843	− 0.049	0.086
社会文明	0.861	− 0.016	0.062
民主制度	0.790	− 0.061	0.136
国家富强	0.910	− 0.005	− 0.036
安全的生活环境	0.854	0.006	0.036
家人团圆	0.626	0.368	− 0.068
家庭温馨	0.657	0.352	− 0.068
相亲相爱的家人	0.625	0.394	− 0.076
亲密爱人	0.026	0.782	0.199
爱情甜蜜	0.026	0.743	0.248
有钱花	0.122	0.081	0.731
得到享受	0.134	0.064	0.713
富足的物质生活	0.232	0.028	0.668
去旅游	− 0.128	0.020	0.885
满意的收入	0.233	0.097	0.620

验证性因素分析的结果显示，"美好生活需要量表"各条目与因子的载荷均大于0.6，模型拟合指数CFI、NFI和IFI大于0.9、RMSEA小于0.08，表明该模型拟合情况较好，即三个因子的结构符合实际测量结果。具体载荷情况及拟合指数，见图1和表3。

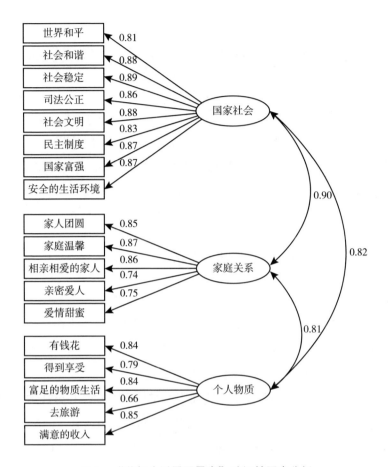

图 1　"美好生活需要量表"验证性因素分析

表 3　"美好生活需要量表"验证性因素分析拟合指数

Chi^2	df	P value	CFI	NFI	IFI	RMSEA
4431.944	132.000	0.000	0.964	0.963	0.964	0.067

（四）统计分析

本研究采用 SPSS 21.0 统计分析软件对数据进行分析，主要分析方法包括：描述性统计、相关分析、t 检验、方差分析等。

三 研究结果：不同群体的美好生活需要状况

（一）整体美好生活需要状况

"美好生活需要量表"的得分区间为 1 分（非常不重要）～11 分（非常重要），其中 6 分为中间值。其总平均值为 9.50 分（$SD=1.30$），国家社会维度的平均值为 9.67 分（$SD=1.36$），家庭关系维度的平均值为 9.67 分（$SD=1.34$），个人物质维度的平均值为 9.17 分（$SD=1.50$）。

（二）不同群体的美好生活需要状况

为探究不同群体美好生活需要的特点，下文分别考察不同性别、不同年龄、不同受教育程度、不同月收入、不同婚恋状态和不同工作状态的群体的美好生活需要状况，并进行差异分析和检验。

1. 不同性别群体的美好生活需要的得分情况

在国家社会、家庭关系和个人物质三个维度上，女性和男性的平均值均为 9～10 分，其中，个人物质维度的平均值略低。女性在三个维度的平均值均高于男性，三个维度的差异达到 0.001 的显著性水平，其样本量、平均值、标准差及 t 值见表 4。

表 4 不同性别群体的美好生活需要的得分情况

单位：份，分

维度	性别	样本量	平均值	标准差	t 值
国家社会	男	5735	9.58	1.34	-8.60***
	女	2825	9.85	1.39	
家庭关系	男	5735	9.60	1.35	-7.36***
	女	2825	9.83	1.33	
个人物质	男	5735	9.09	1.50	-6.80***
	女	2825	9.33	1.51	

具体各条目的得分情况如图 2 所示，在不同条目上，女性的美好生活需要三个维度的得分均显著高于男性，其中，"世界和平"的差异最大，"亲密爱人"的差异最小。

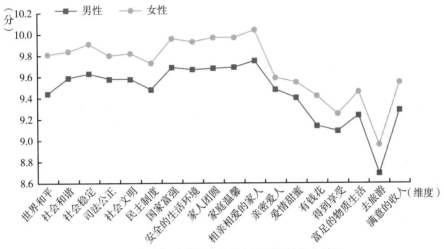

图 2 不同性别群体的美好生活需要的得分情况

2. 不同年龄群体的美好生活需要的得分情况

在国家社会、家庭关系和个人物质三个维度上，不同年龄群体的平均值大多数为 9~10 分，其中，"00 后"群体认为国家社会维度的平均值高于10 分，"59 前"群体认为个人物质维度的平均值低于 9 分。方差分析结果表明，不同年龄群体在三个维度上的平均值存在显著性差异，且差异达到0.001 的显著性水平，其样本量、平均值、标准差及 F 值见表 5。

表 5 不同年龄群体的美好生活需要的得分情况

单位：份，分

维度	年龄	样本量	平均值	标准差	F 值
国家社会	"59 前"	194	9.36	1.85	50.07***
	"60 后"	268	9.63	1.63	
	"70 后"	705	9.55	1.53	
	"80 后"	3598	9.45	1.29	
	"90 后"	3445	9.90	1.31	
	"00 后"	350	10.10	1.24	

续表

维度	年龄	样本量	平均值	标准差	F 值
家庭关系	"59 前"	194	9.31	1.82	27.48***
	"60 后"	268	9.61	1.57	
	"70 后"	705	9.63	1.45	
	"80 后"	3598	9.52	1.24	
	"90 后"	3445	9.84	1.36	
	"00 后"	350	9.99	1.33	
个人物质	"59 前"	194	8.99	1.85	11.26***
	"60 后"	268	9.11	1.76	
	"70 后"	705	8.96	1.67	
	"80 后"	3598	9.09	1.38	
	"90 后"	3445	9.31	1.52	
	"00 后"	350	9.20	1.64	

从事后检验的结果可以看出，在国家社会维度上，"59 前"群体的平均值低于其他年代出生的群体，而"90 后"和"00 后"群体的平均值显著高于其他年代出生的群体；在家庭关系维度上，"59 前"群体的平均值显著低于其他年代出生的群体，而"90 后"和"00 后"群体的平均值显著高于其他年代出生的群体；在个人物质维度上，"70 后"群体的平均值显著低于其他年代出生的群体，"90 后"群体的平均值显著高于其他年代出生的群体。

具体各条目的不同年龄群体的美好生活需要的得分情况如图 3 所示，在国家社会维度和家庭关系维度的不同条目上，"00 后"群体的得分均高于其他年代出生的群体，而在个人物质维度上则是"90 后"群体的得分略高。所有条目中"安全的生活环境"的差异最大，"去旅游"的差异最小。

3. 不同受教育程度群体的美好生活需要的得分情况

在国家社会、家庭关系和个人物质三个维度上，不同受教育程度群体的平均值大多数为 9～10 分。其中，个人物质维度上，小学毕业及以下、初中毕业和高中（技校、职高、中专）毕业群体的平均值略低于 9 分。方差分析结果表明，不同受教育程度群体在三个维度上的平均值存在显著性差异，且差异达到 0.001 的显著性水平，其样本量、平均值、标准差及 F 值如表 6 所示。

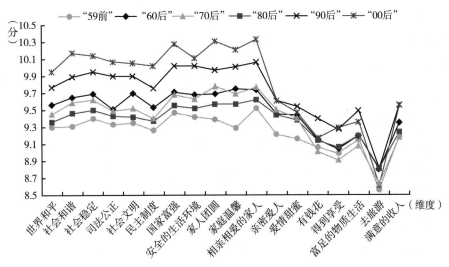

图3 不同年龄群体的美好生活需要的得分情况

表6 不同受教育程度群体的美好生活需要的得分情况

单位：份，分

维度	受教育程度	样本量	平均值	标准差	F 值
国家社会	小学毕业及以下	90	9.41	1.83	45.36***
	初中毕业	400	9.62	1.72	
	高中（技校、职高、中专）毕业	2536	9.36	1.29	
	大专（含在读）	1991	9.71	1.47	
	大学本科（含在读）	3147	9.90	1.22	
	研究生（含在读）及以上	396	9.72	1.43	
家庭关系	小学毕业及以下	90	9.41	1.74	45.28***
	初中毕业	400	9.56	1.79	
	高中（技校、职高、中专）毕业	2536	9.37	1.27	
	大专（含在读）	1991	9.76	1.39	
	大学本科（含在读）	3147	9.88	1.25	
	研究生（含在读）及以上	396	9.80	1.36	
个人物质	小学毕业及以下	90	8.96	1.92	25.49***
	初中毕业	400	8.91	1.97	
	高中（技校、职高、中专）毕业	2536	8.96	1.37	
	大专（含在读）	1991	9.13	1.66	
	大学本科（含在读）	3147	9.37	1.39	
	研究生（含在读）及以上	396	9.33	1.49	

从事后检验的结果可以看出，在国家社会维度上，小学毕业及以下、初中毕业、高中（技校、职高、中专）毕业群体的平均值较低，而大专（含在读）、大学本科（含在读）、研究生（含在读）及以上群体的平均值较高；在家庭关系维度上，小学毕业及以下、初中毕业、高中（技校、职高、中专）毕业群体的平均值较低，而大专（含在读）、大学本科（含在读）、研究生（含在读）及以上群体的平均值较高；在个人物质维度上，小学毕业及以下、初中毕业、高中（技校、职高、中专）毕业群体的平均值较低，而大学本科（含在读）、研究生（含在读）及以上群体的平均值高于其他受教育程度群体的平均值。

具体各条目的不同受教育程度群体的美好生活需要的得分情况如图4所示，大学本科（含在读）群体在三个维度上的得分均高于其他受教育程度群体，小学毕业及以下和高中（技校、职高、中专）毕业群体在三个维度上的得分低于其他受教育程度群体，小学毕业及以下群体尤其在"有钱花"这个条目上的得分显著低于其他受教育程度群体。所有条目中，"安全的生活环境"的差异最大，"去旅游"的差异最小。

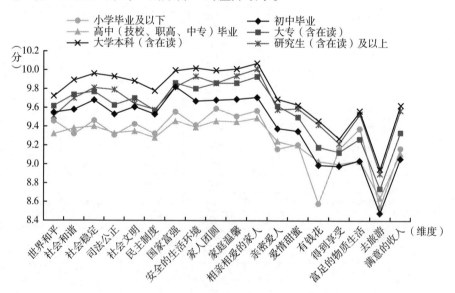

图4　不同受教育程度群体的美好生活需要的得分情况

4. 不同月收入群体的美好生活需要

在国家社会、家庭关系和个人物质三个维度上，不同月收入群体的平均值大多数为 9～10 分。方差分析结果表明，不同月收入群体在三个维度上的平均值存在显著性差异，且差异达到 0.001 的显著性水平，其样本量、平均值、标准差及 F 值如表 7 所示。

表 7　不同月收入群体的美好生活需要的得分情况

单位：份，分

维度	月收入	样本量	平均值	标准差	F 值
国家社会	1000 元及以下	827	9.92	1.42	13.96 ***
	1001～3000 元	1017	9.87	1.42	
	3001～5000 元	2519	9.65	1.31	
	5001～7000 元	2348	9.50	1.33	
	7001～10000 元	1042	9.74	1.28	
	10001～15000 元	541	9.64	1.49	
	15001～30000 元	176	9.71	1.34	
	30000 元以上	90	9.38	2.00	
家庭关系	1000 元及以下	827	9.74	1.53	10.33 ***
	1001～3000 元	1017	9.84	1.41	
	3001～5000 元	2519	9.65	1.28	
	5001～7000 元	2348	9.51	1.31	
	7001～10000 元	1042	9.83	1.26	
	10001～15000 元	541	9.74	1.42	
	15001～30000 元	176	9.89	1.24	
	30000 元以上	90	9.52	1.89	
个人物质	1000 元及以下	827	9.02	1.79	4.29 ***
	1001～3000 元	1017	9.13	1.80	
	3001～5000 元	2519	9.15	1.45	
	5001～7000 元	2348	9.15	1.36	
	7001～10000 元	1042	9.33	1.37	
	10001～15000 元	541	9.30	1.47	
	15001～30000 元	176	9.36	1.30	
	30000 元以上	90	9.08	1.83	

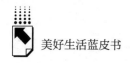
从事后检验的结果可以看出，在国家社会维度上，月收入为5001～7000元和月收入为30000元以上群体的平均值显著低于其他月收入群体，月收入为1000元及以下和1001～3000元群体的平均值显著高于其他月收入群体；在家庭关系维度上，月收入为5001～7000元和月收入为30000元以上群体的平均值显著低于其他月收入群体；个人物质维度上，月收入为1000元及以下和30000元以上群体的平均值显著低于其他月收入群体。

具体各条目的不同月收入群体的美好生活需要的得分情况如图5所示，在国家社会维度和家庭关系维度的大多数条目上，月收入为1000元及以下和1001～3000元群体的得分均高于其他月收入群体；月收入为1000元及以下的群体对于"亲密爱人"和"爱情甜蜜"条目及所有个人物质维度条目的得分则显著低于其他月收入群体；整体来讲，月收入为30000元以上群体的得分均较低。所有条目中"国家富强"的差异最大，"得到享受"的差异最小，甚至其差异没有达到0.05的显著性水平。

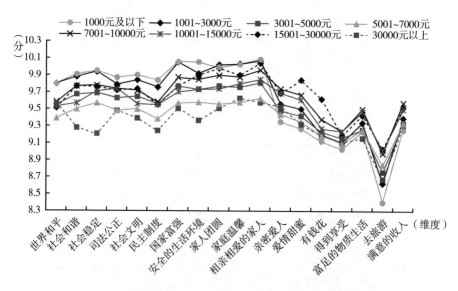

图5　不同月收入群体的美好生活需要的得分情况

5. 不同婚恋状态群体的美好生活需要

在原本的调查中，婚恋状态分为"单身""未婚、有交往对象""已婚"

"离婚独身""丧偶独身""再婚"及其他，根据样本量及分组相似程度，重新编码数据分类为"单身""未婚、有交往对象""已婚或再婚""离婚或丧偶后独身"后进行分析。在国家社会、家庭关系和个人物质三个维度上，不同婚恋状态群体的平均值大多数在9~10分这个区间。方差分析结果表明，不同婚恋状态群体在三个维度上的平均值存在显著性差异，且差异达到0.001的显著性水平，其样本量、平均值、标准差及 F 值见表8。

表8　不同婚恋状态群体的美好生活需要的得分情况

单位：份，分

维度	婚恋状态	样本量	平均值	标准差	F 值
国家社会	单身	2165	9.87	1.35	49.93 ***
	未婚、有交往对象	1341	9.88	1.29	
	已婚或再婚	4882	9.55	1.35	
	离婚或丧偶后独身	169	9.07	1.81	
家庭关系	单身	2165	9.64	1.51	34.29 ***
	未婚、有交往对象	1341	9.92	1.26	
	已婚或再婚	4882	9.65	1.26	
	离婚或丧偶后独身	169	8.92	1.84	
个人物质	单身	2165	9.19	1.63	12.54 ***
	未婚、有交往对象	1341	9.31	1.46	
	已婚或再婚	4882	9.14	1.43	
	离婚或丧偶后独身	169	8.60	1.84	

注：原调查中有1人缺失，有2人选择"其他"，在此表中略去。

从事后检验的结果可以看出，在国家社会、家庭关系和个人物质三个维度上，"离婚或丧偶后独身"群体的平均值显著低于其他婚恋状态群体，"未婚、有交往对象"群体的平均值显著高于其他婚恋状态群体。

具体各条目的不同婚恋状态群体的美好生活需要的得分情况如图6所示，在国家社会维度和家庭关系维度的大多数条目上，"未婚、有交往对象"群体的评分均高于其他婚恋状态群体，"单身"群体对于"亲密爱人"和"爱情甜蜜"条目的评分显著低于"未婚、有交往对象"和"已婚或再婚"的群体。整体来讲，"离婚或丧偶后独身"群体的得分均较低。所有条

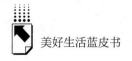

目中，"亲密爱人"和"爱情甜蜜"的差异最大，"有钱花"和"得到享受"的差异最小。

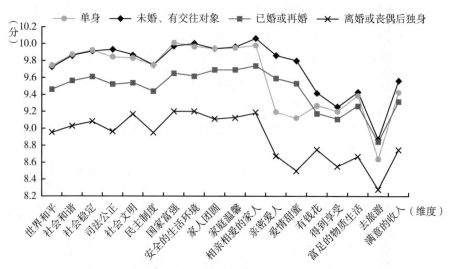

图6 不同婚恋状态群体的美好生活需要的得分情况

6. 不同工作状态群体的美好生活需要

在原本的调查中，工作状态被分为"全日制学生""一直没有工作""在职工作""离退休在家""离退休后重新应聘""辞职、内退或下岗""暂时从事临时性工作""失业""不打算找工作""家庭主妇/主夫""自由职业者"及"其他"，根据样本量及分组相似程度，重新编码数据分类为"全日制学生""一直没有工作或不打算找工作""在职工作""离退休在家或重新应聘""辞职、内退、下岗或失业""从事临时性工作或自由职业""家庭主妇/主夫"后进行分析。在国家社会、家庭关系和个人物质三个维度上，不同工作状态群体的平均值大多数为9～10分。其中，"全日制学生"的群体在国家社会维度的评分为10.00分；"一直没有工作或不打算找工作""离退休在家或重新应聘"及"辞职、内退、下岗或失业"群体在个人物质维度的评分小于9分。方差分析结果表明，不同工作状态群体在三个维度上的评分存在显著性差异，且差异达到0.001的显著性水平，其样本量、平均值、标准差及F值见表9。

表9 不同工作状态群体的美好生活需要的得分情况

单位：份，分

维度	工作状态	样本量	平均值	标准差	F值
国家社会	全日制学生	1241	10.00	1.25	25.62***
	一直没有工作或不打算找工作	168	9.09	1.44	
	在职工作	5803	9.62	1.32	
	离退休在家或重新应聘	221	9.28	1.77	
	辞职、内退、下岗或失业	119	9.16	1.87	
	从事临时性工作或自由职业	788	9.78	1.42	
	家庭主妇/主夫	201	9.71	1.69	
家庭关系	全日制学生	1241	9.85	1.37	17.42***
	一直没有工作或不打算找工作	168	9.02	1.55	
	在职工作	5803	9.66	1.27	
	离退休在家或重新应聘	221	9.28	1.73	
	辞职、内退、下岗或失业	119	9.17	1.91	
	从事临时性工作或自由职业	788	9.76	1.48	
	家庭主妇/主夫	201	9.84	1.44	
个人物质	全日制学生	1241	9.24	1.56	13.90***
	一直没有工作或不打算找工作	168	8.50	1.98	
	在职工作	5803	9.21	1.40	
	离退休在家或重新应聘	221	8.85	1.85	
	辞职、内退、下岗或失业	119	8.40	2.31	
	从事临时性工作或自由职业	788	9.17	1.64	
	家庭主妇/主夫	201	9.01	1.68	

注：原调查中有19人选择"其他"，在此表中略去。

　　从事后检验的结果可以看出，在国家社会、家庭关系和个人物质三个维度上，"一直没有工作或不打算找工作"和"辞职、内退、下岗或失业"群体的平均值显著低于其他工作状态群体，"全日制学生"群体的平均值显著高于其他工作状态群体，"家庭主妇/主夫"群体在家庭关系维度中的平均值显著高于除"全日制学生"外的其他工作状态群体。

　　具体各条目的不同工作状态群体的美好生活需要的得分情况如图7所示，在国家社会维度和家庭关系维度的大多数条目上，"全日制学生"群体的得分均高于其他工作状态群体，但"家庭主妇/主夫"群体对"亲密爱

人"和"爱情甜蜜"条目的得分显著高于其他工作状态群体。整体来讲，
"一直没有工作或不打算找工作"和"辞职、内退、下岗或失业"群体的得分均较低。所有条目中，"家庭温馨"和"相亲相爱的家人"的差异最大，"亲密爱人"和"爱情甜蜜"的差异最小。

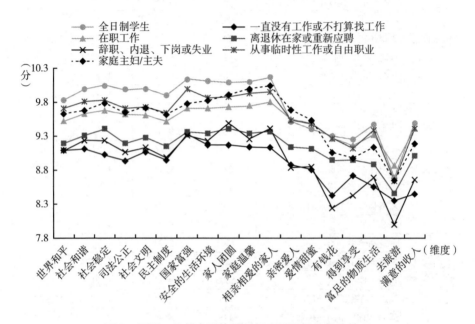

图7　不同工作状态群体的美好生活需要的得分情况

四　讨论：美好生活需要的整体情况

（一）美好生活需要的整体情况

从整体上来看，受访者对国家社会、家庭关系、个人物质三个维度的得分均在9分以上，表明受访者认为这三种美好生活需要都是比较重要的。其中，国家社会维度和家庭关系维度的平均值高于个人物质维度，说明受访者认为对于美好生活的实现，国家社会的稳定和家庭关系的美满更为重要，而个人物质的满足则略逊色一些。

从具体的得分区间分布来看，每个维度上都有受访者选择各个分数区间，表明该量表具有一定的区分度。从低分区间来看，有 1.83% 的受访者认为国家社会维度的条目在一定程度上不重要（低于中间分 6 分），有 1.57% 的受访者认为家庭关系维度的条目在一定程度上不重要，而有 3.69% 的受访者认为个人物质维度的条目在一定程度上不重要。这也说明，对一些受访者来说，相比于个人物质条目，国家社会和家庭关系条目更为必要。

（二）不同群体的美好生活需要状况

本研究考察了不同性别群体、不同年龄群体、不同受教育程度群体、不同月收入群体、不同婚恋状态群体和不同工作状态群体的美好生活需要的差异。从差异检验的结果来看，女性在国家社会、家庭关系和个人物质三个维度上的评分均显著高于男性，不同年龄、不同受教育程度、不同月收入、不同婚恋状态和不同工作状态的群体在美好生活需要三个维度上的得分均存在着显著性差异。

女性在各个条目上的评分均高于男性，这在一定程度上说明了女性对美好生活需要的需求更强烈，也有一部分是由于性别差异的作答倾向造成的。在国家社会和家庭关系两个维度的条目上，女性与男性的差值比较稳定。而差值的明显不同在于"世界和平"这一条目上，女性和男性的差值达到 0.37 分，说明即使考虑了作答倾向的性别差值，女性对"世界和平"这一条目的评价依旧高于男性。除此之外，女性和男性对"亲密爱人"这一条目的评分差异很小，说明亲密关系对于两性的重要性差别很小。

在不同年龄群体上，美好生活需要的评分存在着显著性差异。整体来讲，"59 前"群体对国家社会、家庭关系和个人物质三个维度的评价都较低，这部分群体已经逐渐进入老年阶段，对于生活的各个方面都比较满意，没有过多的需求和期望，所以对各条目的评价较低，尤其是个人物质维度。而最为年轻的"00 后"和"90 后"群体对各个条目的评价都较高，他们对于未来的美好生活充满希望和期盼，希望各个方面都可以变得更好。其中，

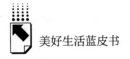

"90后"群体对个人物质维度的评价最高,这部分年轻人已经在职场工作一段时间,并且处于开始组建家庭、生育后代的年龄段,对金钱、物质的需求较大,所以该维度评分最高。

不同受教育程度群体对美好生活需要的评价存在着显著性差异。总体来讲,受教育程度越高,对三个维度的评价越高。受教育程度在一定程度上影响了群体的价值观以及眼界,一方面,受教育程度较高的群体相对于受教育程度较低的群体来说,对美好生活的理解更为全面,因此可能对生活的各个方面的评价均较高。另一方面,受教育程度同时影响着群体拥有的资源,拥有较少资源的群体可能倾向于不设定过高的期望和要求,所以保持"低欲望"的状态,对三个维度的评价较低。

由于在美好生活需要中明确包括了关于家庭关系和个人物质维度的考察,那么了解受访者的收入状况和婚恋状况可以更好地区分拥有财富对于个人物质维度的影响以及亲密关系对于家庭关系维度的影响。不同月收入的群体在三个维度上的平均值存在着显著性差异,从国家社会维度和家庭关系维度上来看,月收入和平均值并没有呈现明显的线性关系,中等收入(5001~7000元)和高收入(30000元以上)的人群对三个维度的评价较低,低收入(1000元及以下和1001~3000元)和中等偏高收入(15001~30000元)人群对三个维度的评价较高。但是在个人物质维度上,基本呈现收入越高、评价越高的情况,但高收入(30000元以上)人群对个人物质维度的评价却较低。这一方面可能说明,当收入达到较高水平之后,对于个人物质维度的需要已经基本满足、没有额外的需求了;另一方面,由于这部分人群的样本量较小(n=90,占总样本的1.05%),可能也有抽样带来的偏差或者整体反应倾向的原因。

不同婚恋状态的群体在国家社会、家庭关系和个人物质三个维度各条目上的平均值存在着显著性差异。整体上来说,"离婚或丧偶后独身"的群体对三个维度的评价均显著低于其他各组,而"未婚、有交往对象"的群体对三个维度的评价均显著高于其他各组。尤其在家庭关系这一维度上,"未婚、有交往对象"群体的平均值最高,"单身"和"已婚或再婚"群体的平均值次之，"离婚或丧偶后独身"的群体平均值最低。尤其在"亲密爱人"和"爱情甜蜜"这两个条目上，区分情况非常明显，有亲密关系的"未婚、有交往对象"群体和"已婚或再婚"群体的平均值均较高，而没有亲密关系的"单身"群体和"离婚或丧偶后独身"群体的平均值较低。一方面，在评分上可以反映受访者的选择，正是因为受访者不认为亲密关系重要，所以才保持了单身或独身的状态；另一方面，也可能解释为，单身或独身的受访者因为自己没有拥有"亲密关系"而否定其重要性。

工作状态是一个比较复合型的影响变量，一方面可以体现受访者的年龄（如全日制学生的年龄偏小，离退休群体的年龄偏大），另一方面还可以体现受访者的收入水平（如无工作群体的收入一般情况下会低于在职工作的群体）。所以对工作状态变量的考察，应该视其为分类变量而不是连续变量。从结果来看，不同工作状态的受访者对于美好生活各个方面的评价存在着显著性差异。整体来说，"全日制学生"群体对国家社会、家庭关系和个人物质三个维度的评价均较高，这一结果和部分"00 后""90 后"群体对三个维度的评价较高的结果基本一致。"离退休在家或重新应聘"群体的评价较低这个结果与"59 前"群体评价较低的结果一致。而在个人物质维度上，"一直没有工作或不打算找工作"群体的评价较低、"在职工作"群体的评价较高这一结果，也与收入越高、需求越强烈的结论一致。

五 新型冠状病毒肺炎疫情对民众美好生活需要的影响

本书的调查、撰写是在新型冠状病毒肺炎疫情之前完成的，受疫情的影响，本书的编辑、出版进程不得不后延，在本书即将出版之际，我们非常关心一个问题，这次疫情无疑给人们的生活带来了影响，疫情下人们的美好生活需要是否也受到了影响？在疫情发生前社会心理学研究中心刚刚完成了美好生活调查（2019），这个调查采取的是随机抽样入户调查的形式进行的，在完成这个调查的同时，进行了一个同步的线上调查，目的是对比线上调查和线下调查结果的一致性。疫情发生后研究团队持续进行了疫情下的社会心

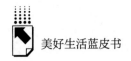

态调查,并在疫情期间重新进行了线上的社会心态调查,在本书出版之际我们把美好生活需要两次调查的结果进行对比,了解一下疫情对美好生活需要的影响。疫情前调查的样本量为2759人,疫情后的样本量为5000人,调查时间为2020年1月20日~3月20日,两次调查都是在前述问卷宝上进行的,所用的调查工具也为前述"美好生活需要量表",唯一不同的是,这次调查采用的是7点量表,而非11点量表。

2020年调查结果显示,"美好生活需要量表"个人物质维度得分为5.50分,家庭关系维度得分为6.10分,国家社会维度得分为6.09分,如果把7点量表得分转换为11点量表得分,对应的得分分别为8.64分、9.59分和9.57分。而前述调查所得到的个人物质维度的得分为9.17分,家庭关系维度的得分为9.67分,国家社会维度的得分为9.67分,两次调查的得分比较接近。

这一结果说明,疫情冲击下人们的生活不得不做出改变,人们对美好生活需要也随之发生了变化。整体上民众美好生活需要中的个人物质维度得分降低,说明人们认为美好生活中的个人物质维度的重要性降低了,而美好生活需要中的家庭关系维度和国家社会维度的重要性增加了。疫情面前家庭关系是抵抗风险的重要社会支持力量,只有国家和全民动员下的集体行动才能形成万众一心抗击疫情的合力,才能从根本上控制疫情,这也是美好生活需要的个人物质维度得分下降、家庭关系维度和国家社会维度得分上升的原因。

整体来看,无论是常态下还是疫情这一特殊时期,民众的美好生活需要都要从国家社会的稳定、家庭关系的美满和个人物质条件的改善三个方面来满足,虽然受访者对各个条目的评分均较高,但是仔细区分可以发现,虽然个人物质维度也很重要,但家庭关系、国家社会维度的重要性上升到更高的层次。这一研究给我们的启示是,美好生活需要的提升并非仅仅提高个人的物质水平,家庭关系一直是中国人最为重视的,以家庭为单位的美好生活需要提升是社会治理的核心,国家和社会的稳定也是比个人物质维度更为重要的提升美好生活需要的核心内容。因此,政府部门在制定社会政策时要考虑民众对美好生活的理解，首先满足民众最关切的需要，除了关注民生外，要在社会治理中努力营造美好的家庭和社会环境，重视家庭建设和社会环境治理。此外，要关注不同群体美好生活需要的差异，满足不同群体对美好生活差异化的需要。

参考文献

蒋玲：《"人民日益增长的美好生活需要"的历史演进及内在逻辑》，《河北青年管理干部学院学报》2019 年第 2 期。

郁有凯：《新时代"美好生活需要"内涵三维论析》，《北京教育学院学报》2019 年第 1 期。

陈纯仁、王迪：《"美好生活"的解读及其实现》，《邵阳学院学报》（社会科学版）2013 年第 2 期。

高桂梅：《马斯洛"需要层次理论"视角下"美好生活需要"刍议》，《大理大学学报》2019 年第 3 期。

中央宣传部、中央文献研究室、中国外文局：《习近平谈治国理政》（第二卷），外文出版社，2017。

习近平：《决胜全面建成小康社会　夺取新时代中国特色社会主义伟大胜利——在中国共产党第十九次全国代表大会上的报告》，人民出版社，2017。

Deci, E. L., Ryan, R. M., "The 'What' and 'Why' of Goal Pursuits: Human Needs and the Self – Determination of Behavior", *Psychological Inquiry* 4 (2000).

Dweck, C. S., "From Needs to Goals and Representations: Foundations for a Unified Theory of Motivation, Personality, and Development", *Psychological Review* 6 (2017).

Maslow, A. H., "A Theory of Human Motivation", *Psychological Review* 4 (1943).

分 报 告

Topical Reports

B.2

青年群体的美好生活需要
分析报告（2020）*

刘晓柳**

摘　要：　党的十九大报告重点指出了民众美好生活需要的重要性，学
　　　　　界的研究者则关注到了不同群体在美好生活需要上的共性和
　　　　　个性。青年群体作为社会的重要组成部分，承担了中流砥柱
　　　　　的角色。这个群体的美好生活需要也应受到特别的关注。本
　　　　　研究通过问卷调查的方法，考察了 18～25 岁青年群体和26～
　　　　　35 岁青年群体以及 35 岁以上的其他群体在美好生活需要上
　　　　　的差异。研究采用"美好生活需要量表"，通过线上调查的

　　* 本文受中国博士后科学基金会第65批中国博士后科学基金面上资助，资助编号为
　　　2019M650951。
　　** 刘晓柳，中国社会科学院社会学研究所博士后、助理研究员，研究方向为心理健康、幸福感、
　　　社会心态。

方式，在全国范围内进行测量。结果表明，青年群体对国家社会和家庭关系维度的评价更高，并且18～25岁群体的评价高于26～35岁群体。而不同年龄群体和性别、受教育程度、月收入、住房情况等基本人口学变量的交互作用也显著影响着不同群体对美好生活需要的评价。

关键词： 青年群体　美好生活需要　人口学变量　交互作用

一　引言

在党的十九大报告中，习近平总书记明确指出"人民群众的需要呈现多样化多层次多方面的特点，期盼有更好的教育、更稳定的工作、更满意的收入、更可靠的社会保障、更高水平的医疗卫生服务、更舒适的居住条件、更优美的环境、更丰富的精神文化生活"。

报告中提到的民生的各个方面，其实也正对应着不同群体一生所经历的各个阶段，在求学阶段的教育保障，就业阶段的收入保障，老年阶段的医疗保障，以及贯穿一生的居住条件、环境安全、精神文化等。可以说，每个社会组成部分的群体对美好生活的需要，既存在着共性，也存在着个性。郁有凯认为，由于主体的差异性，人民对于"美好生活需要"的主观诉求是具有一定的特殊性、差异性和个性的。一方面，主体的差异性主要来自自身环境中的物质生产水平、民俗地域文化、传统文化等差异，而美好生活需要诉求的差异体现在具体内容的差异以及满足美好生活需要的手段和途径的差异。在这个基础上，满足民众的美好生活，需要加以区分。另一方面，人类的美好生活需要也具有一定的共性和普遍性。尚小华提炼和总结马克思主义哲学思想，认为人类的"类"决定了美好生活需要的共性，其具体表现在：每个人都拥有相同的"自然生理需要"并以此作为"人类"延续的生存前提，即为了维持人类的繁衍和生存，个体在最基本的衣食住行方面，都拥有相同的共性需求。强以华认为，人

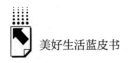

们的美好生活需要中兼有"个人"的美好生活和"人类"的美好生活两层含义，在研究美好生活需要时，必须从以"个人"为主体的美好生活需要和以"人类"为主体的美好生活需要两个层面考虑。

著名心理学家埃里克森在其心理社会发展（psycho-social development）理论中指出：人的一生要经历八个阶段的心理社会成长，每个阶段有其重要的任务，每个任务的顺利完成标志着这一阶段的结束和下一阶段的开始，一旦任务没有成功完成，则会在个体的心理特征上留下停滞、同一性不连贯的特点。因此，研究者需要从不同年龄阶段的特征，考虑群体美好生活需要的个性部分。而青年群体，正是各个年龄阶段中非常重要的一部分，这个群体从原生家庭中逐渐脱离、走向社会，开始自己的职业生涯并建立自己的家庭，进而繁育后代，承担着"上有老下有小"的中流砥柱角色。在埃里克森的原始理论中，认为这个阶段需要完成的对抗任务是"亲密对孤独"，强调了个体建立亲密关系、建立家庭的重要性。而在曾文志的研究中，则认为以大学生为代表的青年群体对于美好生活的尝试概念，一方面渴望金钱物质的满足；另一方面渴望快乐有意义的生活。

在本研究中，按照年龄将受访者分为青年群体（18～25岁、26～35岁）和其他群体（35岁以上），进而通过问卷调查的方式，考察其在美好生活需要各个维度的评价，探究当下国内青年群体对于美好生活的期望重点来自哪种需要，是否与其他群体具有共性或差异性，并且进一步考察性别、受教育程度、月收入、住房情况等基本人口学变量的交互影响。

二 研究方法

（一）研究过程

依据"美好生活需要量表"，青年群体的美好生活需要调查在全国范围内开展，以此来查看青年群体和其他群体的美好生活需要，同时还调查了受访者的性别、受教育程度、月收入、住房情况等基本人口学变量。

（二）样本人群①

具体的样本分布情况如表1所示。

表1　样本分布情况描述

单位：份，%

变量	类别	样本量	占比
性别	男	5735	67.0
	女	2825	33.0
年龄	18~25岁	2585	30.2
	26~35岁	3736	43.6
	35岁以上	2239	26.2
受教育程度	小学毕业及以下	90	1.1
	初中毕业	400	4.7
	高中(技校、职高、中专)毕业	2536	29.6
	大专(含在读)	1991	23.3
	大学本科(含在读)	3147	36.8
	研究生(含在读)及以上	396	4.6
月收入	1000元及以下	827	9.7
	1001~3000元	1017	11.9
	3001~5000元	2519	29.4
	5001~7000元	2348	27.4
	7001~10000元	1042	12.2
	10001~15000元	541	6.3
	15001~30000元	176	2.1
	30000元以上	90	1.1
住房情况	租房或公租房	1337	15.6
	单位/学校宿舍	868	10.1
	借住父母或他人家	2561	29.9
	自有住房	3784	44.2

---

① 样本人群具体信息在B.1"民众美好生活需要测量分析报告（2020）"中提到过，见第4页。

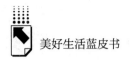

（三）测量工具①

（四）统计分析

本研究采用 SPSS 21.0 统计分析软件对数据进行分析，主要分析方法包括：描述性统计、单因素方差分析、多元方差分析等。

三　研究结果

（一）青年群体美好生活需要的整体情况

"美好生活需要量表"的得分区间为 1 分（非常不重要）~11 分（非常重要），其中 6 分为中间值。不同年龄群体美好生活需要的整体得分情况见表 2 及图 1。

表 2　不同年龄群体美好生活需要的整体得分情况

单位：分

维度	总样本（$N = 8560$）		18~25 岁（$N = 2585$）		26~35 岁（$N = 3736$）		35 岁以上（$N = 2239$）	
	平均值	标准差	平均值	标准差	平均值	标准差	平均值	标准差
国家社会	9.67	1.36	9.98	1.27	9.62	1.36	9.39	1.40
家庭关系	9.67	1.35	9.87	1.37	9.68	1.30	9.43	1.37
个人物质	9.17	1.50	9.28	1.56	9.21	1.48	8.97	1.47
总平均值	9.50	1.30	9.71	1.27	9.51	1.28	9.26	1.32

通过方差分析进行差异检验，通过最小显著性差异法（LSD）进行事后检验。从总平均值来说，不同年龄群体的美好生活需要存在着显著性差异（$F = 71.49$，$p < 0.001$），事后检验结果表明，18~25 岁群体的美好生活需要平均值显著高于其他年龄群体，35 岁以上群体的美好生活需要平均值显著低

———————

① 测量工具具体信息在 B.1 "民众美好生活需要测量分析报告（2020）" 中提到过，见第 4~5 页。

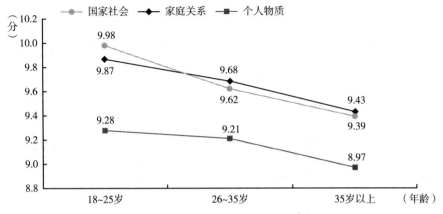

图1　不同年龄群体的美好生活需要的整体得分情况

于其他年龄群体。国家社会维度上，不同年龄群体的美好生活需要存在着显著性差异（$F = 118.99$，$p < 0.001$），事后检验结果表明，18～25岁群体的国家社会维度平均值显著高于其他年龄群体，35岁以上群体的国家社会维度平均值显著低于其他年龄群体。家庭关系维度上，不同年龄群体的美好生活需要存在着显著性差异（$F = 64.06$，$p < 0.001$），事后检验结果表明，18～25岁群体的家庭关系维度平均值显著高于其他年龄群体，35岁以上群体的家庭关系维度平均值显著低于其他年龄群体。个人物质维度上，不同年龄群体的美好生活需要存在着显著性差异（$F = 28.14$，$p < 0.001$），事后检验结果表明，18～25岁群体的个人物质维度平均值显著高于其他年龄群体，35岁以上群体的个人物质维度平均值显著低于其他年龄群体。整体来讲，18～35岁的群体对生活充满希望，认为美好生活的三个维度都非常重要。

（二）青年群体美好生活需要的基本人口学变量

1. 不同年龄群体中不同性别群体的美好生活需要

分别考察18～25岁、26～35岁和35岁以上群体下不同性别群体的美好生活需要状况，并使用多元方差分析考察各年龄群体和性别的主效应及其交互作用。不同年龄群体中不同性别群体在国家社会、家庭关系、个人物质三个维度上的得分见表3及图2、图3、图4。

表3　不同年龄群体中不同性别群体的美好生活需要得分情况

单位：分

年龄	性别	国家社会	家庭关系	个人物质
18~25 岁	男	9.97	9.87	9.21
	女	10.02	9.87	9.45
26~35 岁	男	9.51	9.60	9.14
	女	9.82	9.84	9.33
35 岁以上	男	9.22	9.27	8.86
	女	9.75	9.76	9.20

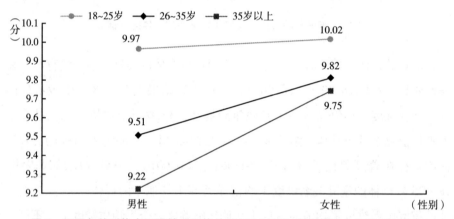

图2　不同年龄群体中不同性别群体的美好生活需要得分情况—国家社会维度

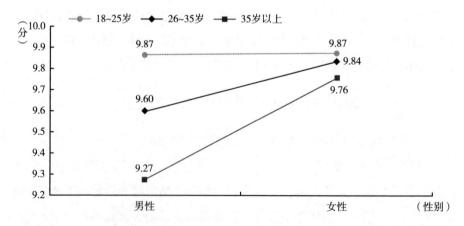

图3　不同年龄群体中不同性别群体的美好生活需要得分情况—家庭关系维度

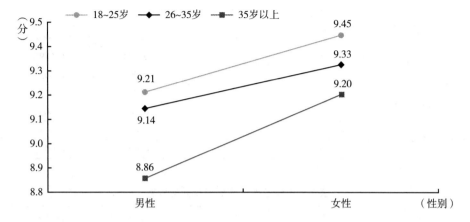

图 4 不同年龄群体中不同性别群体的美好生活需要得分情况—个人物质维度

本次检验中，可以视为足够样本量进行多元方差分析。在 Box 协方差矩阵齐性检验中，本次检验违反了协方差矩阵相等的假设（Box'M = 438.54，$p < 0.001$），因此，本次检验将使用 Pillai 标准统计量。在基于平均值的 Levene 方差齐性检验中，本次检验中三个因变量国家社会、家庭关系和个人物质在各组的方差均不等，因此，本次检验降低显著性水平标准为 $\left(\frac{0.05}{3 \times 2}\right)$ = 0.008。

根据多元方差分析结果显示，不同年龄群体的主效应显著（$F = 29.72$，$p = 0.000$，Pillai's Trace = 0.019，Partial $\eta^2 = 0.010$），即不同年龄群体对三种美好生活需要的评价存在差异；性别的主效应显著（$F = 19.12$，$p = 0.000$，Pillai's Trace = 0.006，Partial $\eta^2 = 0.006$），即男性和女性对三种美好生活需要的评价存在差异；不同年龄群体和不同性别群体之间的交互作用显著（$F = 7.84$，$p = 0.000$，Pillai's Trace = 0.005，Partial $\eta^2 = 0.003$），即不同年龄群体对三种美好生活需要的影响在不同性别群体之间存在差异。不同年龄群体和不同性别群体的简单效应检验见表 4 和表 5。

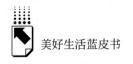

表4 不同年龄群体的简单效应检验

维度	性别	F 值	p 值	Partial η^2
国家社会	男	87.36	0.000	0.019
	女	7.87	0.000	0.002
家庭关系	男	51.73	0.000	0.011
	女	1.93	0.145	0.000
个人物质	男	29.16	0.000	0.006
	女	6.82	0.001	0.001

表5 不同性别群体的简单效应检验

维度	年龄	F 值	p 值	Partial η^2
国家社会	18~25 岁	0.82	0.367	0.000
	26~35 岁	46.05	0.000	0.005
	35 岁以上	31.70	0.000	0.003
家庭关系	18~25 岁	0.02	0.879	0.000
	26~35 岁	27.28	0.000	0.003
	35 岁以上	31.21	0.000	0.003
个人物质	18~25 岁	12.56	0.000	0.001
	26~35 岁	12.56	0.000	0.001
	35 岁以上	21.58	0.000	0.002

从表4和图2、图3、图4可知，不同年龄群体的简单效应检验在女性评价家庭关系维度上不存在显著性差异，即无论哪个年龄群体的女性，其对家庭关系维度的评价都是大致相等的。从表5和图2、图3、图4可知，不同性别群体的简单效应检验在18~25岁群体评价国家社会和家庭关系维度上不存在显著性差异，即18~25岁群体无论是男性还是女性，其对国家社会维度的评价都是大致相等的，其对家庭关系维度的评价也是大致相等的。

2. 不同年龄群体中不同受教育程度群体的美好生活需要

分别考察18~25岁、26~35岁和35岁以上群体中不同受教育程度群体的美好生活需要状况，并使用多元方差分析考察不同年龄群体和不同受教育程度群体的主效应及其交互作用。不同年龄群体中不同受教育程度群体在国家社会、家庭关系、个人物质三个维度上的得分见表6及图5、图6、图7。

表6　不同年龄群体中不同受教育程度群体的美好生活需要得分情况

单位：分

年龄	受教育程度	国家社会	家庭关系	个人物质
18~25岁	小学毕业及以下	9.05	9.29	8.20
	初中毕业	10.05	9.98	9.03
	高中（技校、职高、中专）毕业	9.94	9.77	9.10
	大专（含在读）	9.98	9.86	9.19
	大学本科（含在读）	10.02	9.93	9.43
	研究生（含在读）及以上	9.75	9.69	9.28
26~35岁	小学毕业及以下	9.50	9.50	9.20
	初中毕业	9.42	9.44	8.76
	高中（技校、职高、中专）毕业	9.36	9.40	9.06
	大专（含在读）	9.58	9.72	9.10
	大学本科（含在读）	9.83	9.86	9.38
	研究生（含在读）及以上	9.72	9.85	9.41
35岁以上	小学毕业及以下	9.46	9.41	9.07
	初中毕业	9.61	9.50	8.96
	高中（技校、职高、中专）毕业	9.10	9.14	8.81
	大专（含在读）	9.54	9.66	9.10
	大学本科（含在读）	9.80	9.80	9.19
	研究生（含在读）及以上	9.67	9.84	9.12

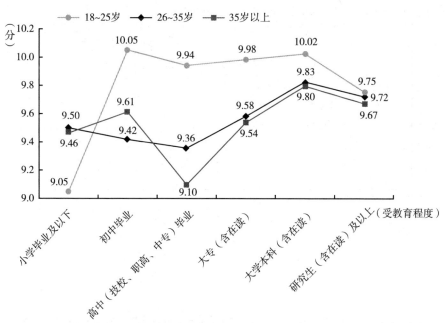

图5　不同年龄群体中不同受教育程度群体的美好生活需要得分情况—国家社会维度

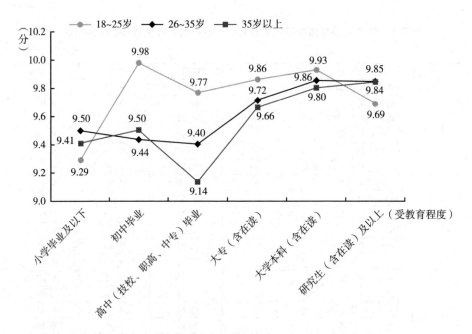

图6　不同年龄群体中不同受教育程度群体的美好生活需要得分情况—家庭关系维度

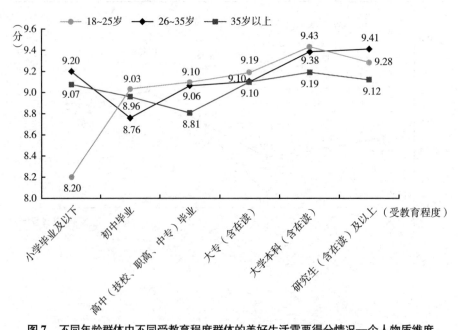

图7　不同年龄群体中不同受教育程度群体的美好生活需要得分情况—个人物质维度

多元方差分析结果显示，不同年龄群体的主效应显著（$F = 5.40$, $p = 0.000$, Pillai's Trace $= 0.004$, Partial $\eta^2 = 0.002$），即不同年龄群体对三种美好生活需要的评价存在差异；受教育程度的主效应显著（$F = 12.32$, $p = 0.000$, Pillai's Trace $= 0.021$, Partial $\eta^2 = 0.007$），即不同受教育程度群体对三种美好生活需要的评价存在差异；不同年龄群体和不同受教育程度群体之间的交互作用显著（$F = 4.37$, $p = 0.000$, Pillai's Trace $= 0.015$, Partial $\eta^2 = 0.005$），即不同年龄群体对三种美好生活需要的影响在不同受教育程度群体之间存在差异。不同年龄群体和不同受教育程度群体的简单效应检验见表 7 和表 8。

表 7　不同年龄群体的简单效应检验

维度	受教育程度	F 值	p 值	Partial η^2
国家社会	小学毕业及以下	0.56	0.571	0.000
	初中毕业	5.01	0.007	0.001
	高中(技校、职高、中专)毕业	66.95	0.000	0.015
	大专(含在读)	22.49	0.000	0.005
	大学本科(含在读)	8.97	0.000	0.002
	研究生(含在读)及以上	0.07	0.929	0.000
家庭关系	小学毕业及以下	0.08	0.924	0.000
	初中毕业	4.05	0.017	0.001
	高中(技校、职高、中专)毕业	38.54	0.000	0.009
	大专(含在读)	3.71	0.025	0.001
	大学本科(含在读)	1.86	0.156	0.000
	研究生(含在读)及以上	0.59	0.556	0.000
个人物质	小学毕业及以下	2.04	0.131	0.000
	初中毕业	1.01	0.363	0.000
	高中(技校、职高、中专)毕业	9.80	0.000	0.002
	大专(含在读)	0.76	0.467	0.000
	大学本科(含在读)	4.15	0.016	0.001
	研究生(含在读)及以上	0.91	0.402	0.000

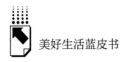

表8　不同受教育程度群体的简单效应检验

维度	年龄	F 值	p 值	Partial η²
国家社会	18～25 岁	2.38	0.036	0.001
	26～35 岁	16.32	0.000	0.009
	35 岁以上	20.70	0.000	0.012
家庭关系	18～25 岁	2.12	0.060	0.001
	26～35 岁	15.96	0.000	0.009
	35 岁以上	21.02	0.000	0.012
个人物质	18～25 岁	6.18	0.000	0.004
	26～35 岁	10.25	0.000	0.006
	35 岁以上	5.22	0.000	0.003

　　从表7和图5、图6、图7可知，不同年龄群体的简单效应检验在初中毕业人群、高中（技校、职高、中专）毕业人群、大专（含在读）人群、大学本科（含在读）人群评价国家社会维度上存在显著性差异，即不同年龄群体的初中毕业人群对国家社会维度的评价不同、不同年龄群体的高中（技校、职高、中专）毕业人群对国家社会维度的评价不同、不同年龄群体的大专（含在读）人群对国家社会维度的评价不同、不同年龄群体的大学本科（含在读）人群对国家社会维度的评价不同。不同年龄群体的简单效应检验在高中（技校、职高、中专）毕业人群评价家庭关系维度上存在显著性差异，即不同年龄群体的高中（技校、职高、中专）毕业人群对家庭关系维度的评价不同。不同年龄群体的简单效应检验在高中（技校、职高、中专）毕业人群评价个人物质维度上存在显著性差异，即不同年龄群体的高中（技校、职高、中专）毕业人群对个人物质维度的评价不同。从表8和图5、图6、图7可知，不同受教育程度群体的简单效应检验在18～25 岁群体评价国家社会和家庭关系维度上不存在显著性差异，即18～25 岁群体无论是什么受教育程度，其对国家社会维度的评价都是大致相同的，其对家庭关系维度的评价也是大致相同的。

3. 不同年龄群体中不同月收入群体的美好生活需要

分别考察 18～25 岁、26～35 岁和 35 岁以上分组下不同月收入群体的美好生活需要状况，并使用多元方差分析考察不同年龄群体和不同月收入群体的主效应及其交互作用。不同年龄群体中不同月收入群体在国家社会、家庭关系、个人物质三个维度上的得分情况见表9及图8、图9、图10。

表9　不同年龄群体中不同月收入群体的美好生活需要得分情况

单位：分

年龄	月收入	国家社会	家庭关系	个人物质
18～25 岁	1000 元及以下	10.04	9.82	9.12
	1001～3000 元	10.02	9.87	9.27
	3001～5000 元	10.00	9.90	9.31
	5001～7000 元	9.98	9.94	9.43
	7001～10000 元	9.86	9.94	9.44
	10001～15000 元	9.61	9.59	9.32
	15001～30000 元	9.90	9.92	9.32
	30000 元以上	8.84	9.13	8.76
26～35 岁	1000 元及以下	9.47	9.66	8.68
	1001～3000 元	9.65	9.79	8.94
	3001～5000 元	9.67	9.69	9.18
	5001～7000 元	9.50	9.53	9.18
	7001～10000 元	9.76	9.86	9.39
	10001～15000 元	9.66	9.80	9.34
	15001～30000 元	9.73	9.93	9.48
	30000 元以上	9.42	9.48	9.10
35 岁以上	1000 元及以下	9.12	9.10	8.60
	1001～3000 元	9.83	9.82	9.07
	3001～5000 元	9.36	9.40	8.98
	5001～7000 元	9.17	9.20	8.89
	7001～10000 元	9.56	9.64	9.08
	10001～15000 元	9.58	9.69	9.14
	15001～30000 元	9.54	9.78	9.12
	30000 元以上	9.60	9.83	9.25

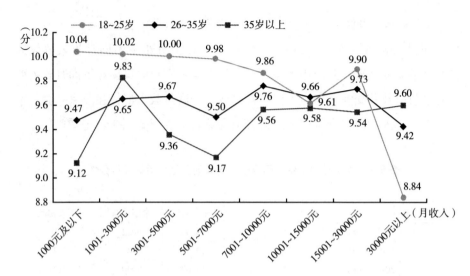

图8 不同年龄群体中不同月收入群体的美好生活需要得分情况—国家社会维度

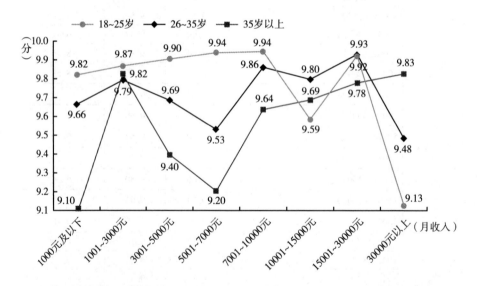

图9 不同年龄群体中不同月收入群体的美好生活需要得分情况—家庭关系维度

根据多元方差分析结果显示，不同年龄群体的主效应显著（$F = 3.89$，$p = 0.001$，Pillai's Trace $= 0.003$，Partial $\eta^2 = 0.001$），即不同年龄群体对三种美好生活需要的评价存在差异；月收入的主效应显著（$F = 10.00$，$p =$

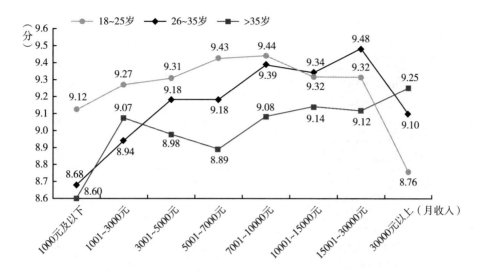

图10　不同年龄群体中不同月收入群体的美好生活需要得分情况—个人物质维度

0.000，Pillai's Trace = 0.024，Partial η^2 = 0.008），即不同月收入群体在三种美好生活需要的评价上存在差异；不同年龄群体和不同月收入群体之间的交互作用显著（F = 2.90，p = 0.000，Pillai's Trace = 0.014，Partial η^2 = 0.005），即不同年龄群体对三种美好生活需要的影响在不同月收入群体之间存在差异。不同年龄群体和不同月收入群体的简单效应检验见表10和表11。

表10　不同年龄群体的简单效应检验

维度	月收入	F 值	p 值	Partial η^2
国家社会	1000 元及以下	17.08	0.000	0.004
	1001 ~ 3000 元	6.70	0.001	0.002
	3001 ~ 5000 元	43.14	0.000	0.010
	5001 ~ 7000 元	47.87	0.000	0.011
	7001 ~ 10000 元	2.79	0.062	0.001
	10001 ~ 15000 元	0.20	0.819	0.000
	15001 ~ 30000 元	0.68	0.507	0.000
	30000 元以上	1.48	0.229	0.000

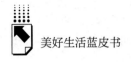

续表

维度	月收入	F 值	p 值	Partial η²
家庭关系	1000 元及以下	11.91	0.000	0.003
	1001~3000 元	0.29	0.749	0.000
	3001~5000 元	27.69	0.000	0.006
	5001~7000 元	40.34	0.000	0.009
	7001~10000 元	3.13	0.044	0.001
	10001~15000 元	1.03	0.358	0.000
	15001~30000 元	0.22	0.807	0.000
	30000 元以上	1.24	0.291	0.000
个人物质	1000 元及以下	12.20	0.000	0.003
	1001~3000 元	4.40	0.012	0.001
	3001~5000 元	9.47	0.000	0.002
	5001~7000 元	17.64	0.000	0.004
	7001~10000 元	3.92	0.020	0.001
	10001~15000 元	0.76	0.469	0.000
	15001~30000 元	0.97	0.381	0.000
	30000 元以上	0.48	0.617	0.000

表 11　不同月收入群体的简单效应检验

维度	年龄	F 值	p 值	Partial η²
国家社会	18~25 岁	2.97	0.004	0.002
	26~35 岁	3.11	0.003	0.003
	35 岁以上	8.20	0.000	0.007
家庭关系	18~25 岁	1.70	0.104	0.001
	26~35 岁	5.24	0.000	0.004
	35 岁以上	9.60	0.000	0.008
个人物质	18~25 岁	2.31	0.024	0.002
	26~35 岁	4.99	0.000	0.004
	35 岁以上	3.19	0.002	0.003

从表10、图8、图9、图10可知，不同年龄群体的简单效应检验在月收入为7000元及以下人群评价国家社会维度上存在显著性差异，即不同年龄群体中月收入为7000元及以下人群对国家社会维度的评价不同。不同年龄群体的简单效应检验在月收入为1000元及以下人群和月收入为3001~7000元人群评价家庭关系维度上存在显著性差异，即不同年龄群体中月收入为1000元及

以下人群对家庭关系维度的评价不同、不同年龄群体中月收入为3001～7000元人群对家庭关系维度的评价不同。不同年龄群体的简单效应检验在月收入为1000元及以下人群和月收入为3001～7000元人群评价个人物质维度上存在显著性差异，即不同年龄群体中月收入为1000元及以下人群对个人物质维度的评价不同、不同年龄群体中月收入为3001～7000元人群对个人物质维度的评价不同。从表11和图8、图9、图10可知，不同月收入群体的简单效应检验在35岁以上群体评价国家社会维度和家庭关系维度上存在显著性差异，即不同月收入的35岁以上人群，其对国家社会维度的评价显著不同、其对家庭关系维度的评价显著不同。不同月收入群体的简单效应检验在26～35岁群体评价家庭关系维度和个人物质维度上存在显著性差异，即不同月收入的26～35岁群体，其对家庭关系维度的评价显著不同、其对个人物质维度的评价显著不同。

4. 不同年龄群体中不同住房情况群体的美好生活需要

分别考察18～25岁、26～35岁和35岁以上群体中不同住房情况群体的美好生活需要状况，并使用多元方差分析考察不同年龄群体和不同住房情况群体的主效应及其交互作用。不同年龄群体中不同住房情况的群体在国家社会、家庭关系、个人物质三个维度上的得分情况见表12及图11、图12、图13。

表12　不同年龄群体中不同住房情况群体的美好生活需要得分情况

单位：分

年龄	住房情况	国家社会	家庭关系	个人物质
18～25岁	租房或公租房	9.88	9.73	9.11
	单位/学校宿舍	10.04	9.91	9.27
	借住父母或他人家	10.02	9.89	9.32
	自有住房	9.95	9.93	9.39
26～35岁	租房或公租房	9.60	9.54	9.06
	单位/学校宿舍	10.06	10.13	9.47
	借住父母或他人家	9.36	9.37	9.05
	自有住房	9.73	9.86	9.32
35岁以上	租房或公租房	9.35	9.24	8.81
	单位/学校宿舍	9.74	9.91	8.94
	借住父母或他人家	8.82	8.85	8.64
	自有住房	9.72	9.78	9.18

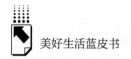
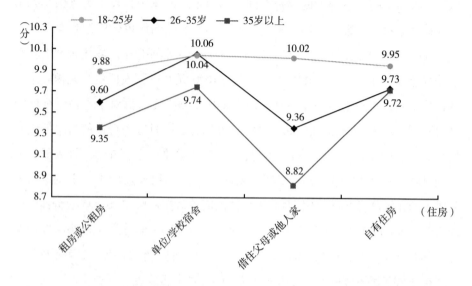

图 11　不同年龄群体中不同住房情况群体的美好生活需要得分情况—国家社会维度

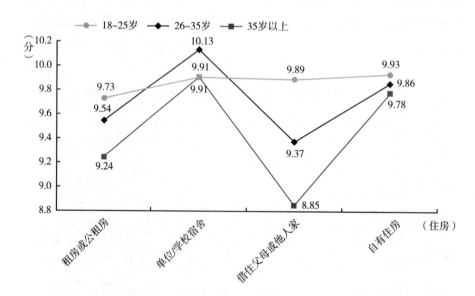

图 12　不同年龄群体中不同住房情况群体的美好生活需要得分情况—家庭关系维度

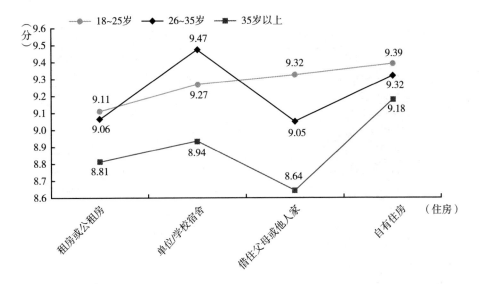

图13 不同年龄群体中不同住房情况群体的美好生活需要得分情况—个人物质维度

多元方差分析结果显示，不同年龄群体的主效应显著（$F = 22.28$，$p = 0.000$，Pillai's Trace $= 0.016$，Partial $\eta^2 = 0.008$），即不同年龄群体对三个维度的评价存在差异；不同住房情况群体的主效应显著（$F = 30.17$，$p = 0.000$，Pillai's Trace $= 0.031$，Partial $\eta^2 = 0.010$），即不同住房情况群体对三个维度的评价存在差异；不同年龄群体和不同住房情况群体之间的交互作用显著（$F = 10.12$，$p = 0.000$，Pillai's Trace $= 0.021$，Partial $\eta^2 = 0.007$），即不同年龄群体对三个维度的影响在不同住房情况群体之间存在差异。不同年龄群体和不同住房情况群体的简单效应检验见表13和表14。

表13 不同年龄群体的简单效应检验

维度	住房情况	F 值	p 值	Partial η^2
国家社会	租房或公租房	13.14	0.000	0.003
	单位/学校宿舍	0.73	0.484	0.000
	借住父母或他人家	158.94	0.000	0.036
	自有住房	6.77	0.001	0.002

续表

维度	住房情况	F 值	p 值	Partial η^2
家庭关系	租房或公租房	9.59	0.000	0.002
	单位/学校宿舍	1.93	0.146	0.000
	借住父母或他人家	119.80	0.000	0.027
	自有住房	3.00	0.050	0.001
个人物质	租房或公租房	2.76	0.063	0.001
	单位/学校宿舍	2.04	0.131	0.000
	借住父母或他人家	40.34	0.000	0.009
	自有住房	5.24	0.005	0.001

表14 不同住房情况群体的简单效应检验

维度	年龄	F 值	p 值	Partial η^2
国家社会	18~25 岁	1.78	0.149	0.001
	26~35 岁	24.10	0.000	0.008
	35 岁以上	73.38	0.000	0.025
家庭关系	18~25 岁	2.81	0.038	0.001
	26~35 岁	38.83	0.000	0.013
	35 岁以上	80.58	0.000	0.028
个人物质	18~25 岁	3.64	0.012	0.001
	26~35 岁	11.07	0.000	0.004
	35 岁以上	20.93	0.000	0.007

从表13、图11、图12、图13可知，不同年龄群体的简单效应检验在住房情况为"单位/学校宿舍"人群中评价国家社会维度和家庭关系维度上不存在显著性差异，即无论是哪个年龄群体，住房情况为"单位/学校宿舍"群体对国家社会维度的评价大体相同；无论是哪个年龄群体，住房情况为"单位/学校宿舍"群体对家庭关系维度的评价大体相同。不同年龄群体的简单效应检验在住房情况为"借住父母或他人家"的人群评价个人物质维度上存在显著性差异。从表14、图11、图12、图13可知，不同住房情况群体的简单效应检验在18~25岁群体评价国家社会、家庭关系和个人物质三个维度上不存在显著性差异，即不同住房情况的18~25岁群体，其对国家社会维度、家庭关系维度、个人物质维度的评价基本相同。

四 讨论

（一）青年群体美好生活需要的整体情况

从整体来讲，青年群体对于美好生活需要的国家社会、家庭关系和个人物质三个维度的评价都非常高（大于 9 分），而 18~25 岁群体对三个维度的评价均高于整体平均值，26~35 岁群体对三个维度的评价基本等同于整体平均值，且两个群体的平均值均高于 35 岁以上的其他群体。

（二）青年群体美好生活需要的性别特征

整体来讲，不同性别群体随着年龄的增加，对美好生活需要的三个维度的评价略有下降，女性对美好生活需要三个维度的评价高于男性。随着年龄的增长，男性对国家社会、家庭关系和个人物质三个维度的评价都显著下降；女性对国家社会维度和个人物质维度的评价显著下降。具体来说，在 18~25 岁的群体中，男性和女性对国家社会维度和家庭关系维度的评价没有显著性差异；而在 26~35 岁群体及 35 岁以上的群体中，女性对国家社会维度和家庭关系维度的评价显著高于男性。在刚刚步入成年时期，男性和女性角色在判断美好生活需要时，评价国家社会和谐稳定和家庭关系亲密和谐的重要性上，是没有差异的，但是随着年龄的增长，男性对这两个维度的评价显著低于女性。

（三）青年群体美好生活需要的受教育程度特征

整体来讲，不同受教育程度的群体对国家社会维度和家庭关系维度的评价高于对个人物质维度的评价。受教育程度在一定程度上影响了群体的价值观和所拥有的社会资源，随着年龄的增长，群体面对的生活压力会相对增加，受教育程度较低的群体，可能无法很好地应对，进而造成对美好生活的期望较低，对各个方面的重视程度较低。

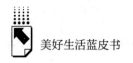

（四）青年群体美好生活需要的月收入特征

整体来讲，不同月收入群体对国家社会维度和家庭关系维度的评价高于对个人物质维度的评价。月收入可以代表群体的物质生活水平，理应和群体评价理想中美好生活的个人物质维度有所关联，但有趣的是，不同月收入的群体只有在 26～35 岁这个阶段，在评价个人物质维度时有一定的影响，在其他年龄段，群体对于个人物质维度的评价并不会受到月收入的影响。

（五）青年群体美好生活需要的住房情况特征

整体来讲，不同住房情况的群体对国家社会维度和家庭关系维度的评价高于对个人物质维度的评价，在每个维度上的评价存在着一定差异。住房情况是群体的基本需要之一，也就成为衡量群体物质生活状况的指标之一，不同住房情况的群体对美好生活需要的期待会有所不同，相对来讲，"自有住房"的群体对美好生活需要的期望较高，对各个维度的评价均较高。

参考文献

曾文志：《大学生对美好生活的常识概念与主观幸福感之研究》，《教育心理学报》2007 年第 4 期。

强以华：《论人的美好生活》，《华中师范大学学报》（人文社会科学版）2019 年第 2 期。

尚小华：《"美好生活需要"的马克思生存论考量》，《五邑大学学报》（社会科学版）2019 年第 1 期。

习近平：《决胜全面建成小康社会　夺取新时代中国特色社会主义伟大胜利——在中国共产党第十九次全国代表大会上的报告》，人民出版社，2017。

中央宣传部、中央文献研究室、中国外文局：《习近平谈治国理政》（第二卷），外文出版社，2017。

郁有凯：《新时代"美好生活需要"内涵三维论析》，《北京教育学院学报》2019 年第 1 期。

B.3

不同区域及城市间美好生活
比较研究报告（2020）

摘　要： 美好生活是民众的基本生活需要，保障和满足民众的美好生活需要也是国家社会发展的目标。本报告从美好生活体验和美好生活需要各自三个维度对民众的美好生活状况进行了分析。本报告分析比较了四大地区、不同等级（发展水平）城市、三大城市群的民众的美好生活状况。

关键词： 美好生活体验　美好生活需要　城市群　城市发展

一　引言

满足人民日益增长的美好生活需要是党的十九大报告中明确指出的社会发展目标。为了解民众的美好生活状况，中国社会科学院社会学研究所社会心理学研究中心、字节跳动公司和智媒云图基于一系列与美好生活相关的调查研究，发现民众对"美好生活体验"和"美好生活需要"两个概念的理解较为一致，主要集中于国家社会、个人物质和家庭关系三个维度上。课题组编制了"美好生活体验量表"和"美好生活需要量表"，用于测量民众的美好生活状况。系列研究的结果显示：美好生活体验和美好生活需要与幸福

* 应小萍，中国社会科学院社会学研究所副研究员、硕士研究生导师，研究方向为社会心理学。

感呈高度正相关。

联合国发布的《2018 年全球幸福报告》① 报告了 2018 年 156 个国家和地区居民的幸福感指数。报告的数据基于盖洛普公司在 2015～2017 年进行的全球民意调查，调查内容包括信任和慷慨程度、社会支持、腐败状况、生活自由选择状况，要求受访者从 0～10 级对生活状况进行评价，每个国家和地区的被调查者数量为 2000～3000 人；世界银行按购买力计算的人均 GDP，以及居民预期寿命也进入幸福感指数的计算。报告显示：北欧的芬兰、挪威、丹麦和冰岛是幸福感指数最高的四个国家，中国排在第 86 位。《2018年全球幸福报告》（简称《报告》）关注的重点是流动和幸福感，从农村进入城市的农村移民的幸福感是报告的特别关注点。该报告比较了持有不同户口的被调查者的美好生活状况，通过比较分析被调查者来自本地还是外地、是农村户口还是城市户口，了解流动对感受美好生活的影响。

幸福感和生活满意度与地理和情境相关的研究日益受到关注。有研究指出，主观体验到的幸福感不仅与经济和心理等社会科学因素相关，也与地理条件（Geographical Context）和生活环境（Life Circumstances）密切相关。在波士顿的焦点组访谈研究发现，城市居民的幸福感与所居住的环境密切相关。如何理解和测量幸福感和生活满意度，涉及幸福感具有普遍性（Universalist）还是情境性（Contextualist）这一议题。普遍性观点认为，幸福感具有单一性和稳定性，是人类的共性，不受时间和空间的影响。而情境性观点认为，时间和空间以及社会关系都与幸福感相关，具有与时间和空间、地理和情境相关的特性。通过对以往主观和客观幸福感研究的梳理，并不存在完全的普遍性和情境性研究取向，大多数的研究处于"普遍性—情境性"这一连续体中。

中国四大地区按照常用分类方法，划分为东部、东北、中部和西部四大区域。东部地区范围较广，从北到南，包括了北京市、天津市、河

① 《2018 年全球幸福报告》，https：//s3. amazonaws. com/happiness - report/2018/WHR _ web. pdf.

北省、山东省、江苏省、上海市、浙江省、福建省、广东省、海南省。东北地区包括黑龙江省、吉林省、辽宁省。中部地区包括山西省、河南省、湖北省、湖南省、江西省和安徽省。西部地区范围也较广，包括四川省、广西壮族自治区、贵州省、云南省、重庆市、陕西省、甘肃省、内蒙古自治区、宁夏回族自治区、新疆维吾尔自治区、青海省、西藏自治区等省区市。

城市发展水平虽然不同于四大地区，不能称为学术概念，但已被媒体粗略分类，用于分析城市经济状况。本文采用第一财经·新一线城市研究所2018年发布的《中国城市商业魅力排行榜》，依据商业资源集聚度、城市枢纽性、城市人活跃度、生活方式多样性和未来可塑性五大指标将全国352座地级以上城市划分为一线城市、新一线城市、二线城市、三线城市、四线城市和五线城市。一线城市指北京、上海、深圳和广州四个大城市；新一线城市有15座，包括天津、重庆、成都、武汉、杭州、南京、青岛、宁波、西安、郑州、长沙、沈阳、东莞、苏州、无锡；二线城市有30座，包括昆明、佛山、温州、泉州、南通、嘉兴、台州、潍坊、大连、福州、长春、南宁、金华、烟台、中山、兰州、厦门、哈尔滨、石家庄、贵阳、徐州、惠州、绍兴、合肥、济南、常州、南昌、太原、保定、乌鲁木齐；三线城市有70座；四线城市有90座；五线城市有143座。本报告将四线和五线城市合并为四线及以下城市进行分析。

城市群是由在地域上集中分布着的若干大城市和特大城市聚合发展而来，也因而成为分析区域发展、预测未来城市与区域演化发展趋势的依据。本报告选取京津冀、长三角和珠三角三大城市群的美好生活状况进行比较分析。京津冀城市群包括一线城市北京，新一线城市天津，二线城市石家庄、保定，三线城市唐山、廊坊、秦皇岛、沧州，四线城市张家口、承德；长三角城市群包括一线城市上海，新一线城市南京、杭州、宁波、苏州和无锡，二线城市常州、南通、嘉兴、绍兴、台州，三线城市扬州、泰州、镇江、湖州，四线城市舟山；珠三角城市群包括一线城市深圳和广州，新一线城市东莞，二线城市佛山、中山、惠州，三线城市珠海、江门、肇庆。

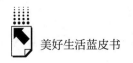

二 研究方法

本报告数据来自中国社会科学院社会学研究所社会心理学研究中心联合字节跳动公司和智媒云图进行的美好生活调查，使用"美好生活体验量表"和"美好生活需要量表"，在2019年1月9～31日，通过问卷调研App"问卷宝"向在线样本库的全国用户推送问卷。调查共收到有效问卷9113份，本报告将研究对象界定为在本地居住一年以上的被调查者，共计8476人，将居住时间低于一年的剔除。其中，居住时间在1～3年的被调查者有1534人，占全体被调查者的18.1%；3～5年的为1452人，占17.1%；5～10年的为1054人，占12.4%；10年及以上的为4436人，占52.3%。男性有5749人，占67.8%；女性有2727人，占32.2%。在受教育程度上，高中（技校、职高、中专）毕业及以下学历的为3314人，占39.1%；大专（含在读）及以上学历的为5162人，占60.9%。在年龄上，有一人缺失，18～25岁的有2239人，占26.4%；26～35岁的有3574人，占42.2%；35岁以上的有2662人，占31.4%。户口上，拥有本地城市户口的有3311人，占39.1%；拥有本地农村户口的有2746人，占32.4%；拥有外地城市户口的有1511人，占17.8%；拥有外地农村户口的有908人，占10.7%。可见，本地人占到71.5%，超过七成；外地人占28.5%，不到三成。

美好生活调查基于美好生活体验和美好生活需要两个方面的问卷设计，课题组编制"美好生活体验量表"和"美好生活需要量表"，两个量表均包括国家社会、个人物质和家庭关系三个维度。

"美好生活体验量表"要求被调查者结合自己实际生活的体验，对所列的18个条目采用1～7分量表（李克特计分），从"非常不同意"到"非常同意"进行评价。分数越高，代表被调查者认为美好生活水平越高。"美好生活体验量表"的国家社会维度包括8个条目，如"我觉得我们的国家是富强的"等；个人物质维度包括5个条目，如"我有条件去旅游"等；家庭关系维度包括5个条目，如"我的家人相亲相爱"等。

"美好生活需要量表"要求被调查者基于自己理想中的美好生活，对所列的 18 个条目采用 –5 ~ 5 分量表（李克特计分），从"非常不重要"到"非常重要"进行评价，在数据分析时相应地转化为 1 ~ 11 分。分数越高，表明被调查者对理想的美好生活需要的愿望越强烈。国家社会维度包括 8 个条目，如"国家富强"等；个人物质维度包括 5 个条目，如"去旅游"等；家庭关系维度包括 5 个条目，如"相亲相爱的家人"等。

区域和城市是根据被调查者的所在城市，按四大地区、城市发展水平、城市群进行划分。此外，按性别、受教育程度、年龄、户口对不同人群进行区分。采用独立样本 t 检验、单因素方差分析及事后检验对不同区域和城市以及不同人群进行差异分析。

三　数据分析

根据被调查者的美好生活得分，分析来自美好生活体验和美好生活需要两个部分的国家社会、个人物质和家庭关系三个维度的得分。基于被调查者所在地，比较分析不同区域和城市之间的美好生活状况得分；在各区域和城市内，比较不同性别、不同年龄、不同受教育程度和不同户口的群体的美好生活得分。

（一）四大地区的美好生活体验和美好生活需要

对被调查者的所在城市按照四大地区划分后，参与此次调查的东部地区人数占整体的 49.4%，接近一半；东北地区占 6%；中部地区占到 31.5%，超过三成；西部地区占 13.1%。

1. 四大地区的美好生活

图 1 列出了东部、东北、中部和西部四大地区的美好生活体验的得分情况。美好生活体验的三个维度中，东部、东北、中部和西部四大地区的个人物质维度的得分（分别为 4.50 分、4.72 分、4.32 分和 4.45 分）均低于其他两个维度的得分，但都高于中间分数 4 分。家庭关系和国家社会维度的美

好生活体验和实现程度因地区不同而略有差异，东北地区的家庭关系维度得分（5.37分）高于国家社会维度得分（5.22分）；东部地区家庭关系维度得分（5.15分）只略微高于国家社会维度得分（5.10分）；而中部和西部地区相反，国家社会维度得分（分别为4.89分和5.17分）均略微高于家庭关系维度得分（分别为4.85分和5.11分）。

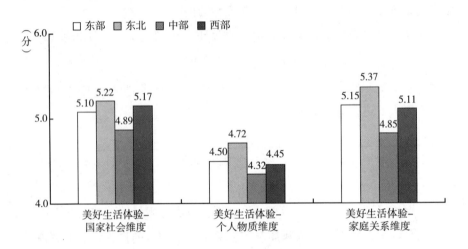

图1 四大地区的美好生活体验的得分情况

美好生活需要三个维度上，四大地区的民众对个人物质维度的评分（得分分别为9.17分、9.30分、9.08分和9.21分）均低于国家社会和家庭关系维度。东部地区民众对家庭关系维度的评价（9.72分）略高于国家社会维度（9.70分）；东北、中部和西部地区民众对国家社会维度（得分分别为9.88分、9.58分和9.88分）的评价均略高于家庭关系维度（得分分别为9.82分、9.55分和9.82分），如图2所示。

（1）美好生活体验

如图1所示，对东部、东北、中部和西部四大地区的美好生活体验分数进行单因素方差分析，四者之间在三个维度上存在显著性差异。

将国家社会维度得分按分数排序后发现，东北地区得分最高（5.22分），事后检验显示，其与西部地区得分（5.17分）没有显著性差异；西部

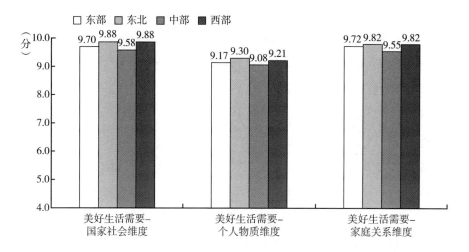

图2　四大地区的美好生活需要的得分情况

地区得分略高于东部地区；中部地区得分最低（4.89分），显著低于其他三个地区，且低于整体平均值（5.05分）。

将个人物质维度得分按分数排序，东北地区（4.72分）排第一，显著高于其他三个地区；东部地区次之（4.50分），与西部地区（4.45分）无显著性差异；中部地区得分最低（4.32分），显著低于其他三个地区，且低于整体平均值（4.45分）。

家庭关系维度得分与个人物质维度得分呈现类似趋势，东北地区（5.37分）位列第一；东部地区（5.15分）次之，但与西部地区（5.11分）无显著性差异；中部地区得分最低（4.85分），显著低于其他三个地区，且低于整体平均值（5.07分）。

（2）美好生活需要

国家社会维度方面，东北和西部地区民众评价最高（均为9.88分），高于东部地区得分（9.70分）和中部地区得分（9.58分），低于整体平均值（9.70分）。

个人物质维度方面，东北地区民众评价最高（9.30分），其次是西部地区民众（9.21分）和东部地区民众（9.17分）；中部地区居民评价最低

（9.08 分），低于其他三个地区和整体平均值（9.15 分）。

家庭关系维度方面，东北和西部地区民众评价最高（均为 9.82 分），高于东部地区（9.72 分）；中部地区得分最低（9.55 分），低于其他三个地区，且低于整体平均值（9.69 分）。

2. 四大地区不同人群的美好生活

在东部、东北、中部和西部地区中，男性分别占 62.7%、53.8%、78.7% 和 67.5%，女性分别占 37.3%、46.2%、21.3% 和 32.5%；18～25 岁群体分别占 27.1%、20.9%、23.0% 和 34.7%，26～35 岁群体分别占 45.9%、44.9%、37.9% 和 37.0%，35 岁以上群体分别占 27.0%、34.2%、39.1% 和 28.4%；高中（技术、职高、中专）毕业及以下群体分别占 31.2%、30.0%、54.8% 和 35.2%，大专（含在读）及以上群体分别占 68.8%、70.0%、45.2% 和 64.8%；拥有本地城市户口的群体分别占 41.9%、62.5%、28.9% 和 42.1%，拥有本地农村户口的群体分别占 29.5%、24.9%、33.9% 和 43.2%，拥有外地城市户口的群体分别占 13.4%、5.1%、31.2% 和 8.1%，拥有外地农村户口的群体分别占 15.2%、7.5%、6.0% 和 6.6%。

（1）不同性别群体

东部地区民众对国家社会、个人物质和家庭关系三个维度的美好生活体验的评价，如图 3 左图所示，男性群体得分分别为 5.10 分、4.48 分、5.14 分，女性群体得分分别为 5.10 分、4.52 分、5.17 分。独立样本 t 检验显示，东部地区的男女群体的美好生活体验在统计上不存在显著性差异。东部地区民众对国家社会、个人物质和家庭关系三个维度的美好生活需要进行评价，图 3 右图显示，男性群体得分分别为 9.62 分、9.08 分、9.65 分，女性群体得分分别为 9.83 分、9.32 分、9.85 分。独立样本 t 检验显示，东部地区的女性比男性在美好生活需要的三个维度上均有更强烈的需求，且差异显著。

东北地区民众对国家社会、个人物质和家庭关系三个维度的美好生活体验的评价，如图 3 左图所示，男性群体得分分别为 5.27 分、4.85 分、5.41 分，女性群体得分分别为 5.16 分、4.57 分、5.33 分。独立样本 t 检验显

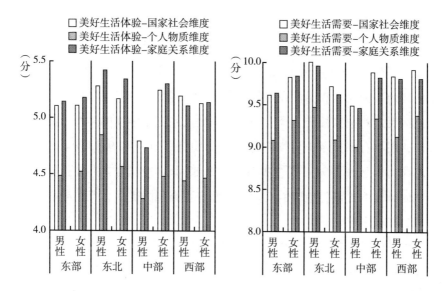

图3 四大地区不同性别群体的美好生活体验和美好生活需要的得分情况

示，在个人物质维度上，东北地区的男性比女性实现和获得了更好的美好生活体验，且差异显著。东北地区民众对国家社会、个人物质和家庭关系三个维度的美好生活需要进行评价，图3右图显示，东北地区的男性群体得分分别为10.01分、9.48分、9.97分，女性群体得分分别为9.73分、9.09分、9.63分。独立样本 t 检验显示，男性比女性在美好生活需要的三个维度上均有更强烈的需求，且差异显著。

中部地区民众对国家社会、个人物质和家庭关系三个维度的美好生活体验的评价，如图3左图所示，男性群体得分分别为4.79分、4.28分、4.73分，女性群体得分分别为5.24分、4.48分、5.30分。独立样本 t 检验显示，中部地区的女性比男性在三个维度上均获得了更好的美好生活体验，且差异显著。中部地区民众对国家社会、个人物质和家庭关系三个维度的美好生活需要进行评价，图3右图显示，男性群体得分分别为9.50分、9.01分、9.47分，女性群体得分分别为9.90分、9.34分、9.83分。独立样本 t 检验显示，中部地区的女性比男性在美好生活需要的三个维度上均有更强烈的需求，且差异显著。

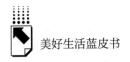

美好生活蓝皮书

西部地区民众对国家社会、个人物质和家庭关系三个维度的美好生活体验的评价，如图3左图所示，男性群体得分分别为5.18分、4.44分、5.10分，女性群体得分分别为5.13分、4.47分、5.14分。独立样本 t 检验显示，西部地区的女性和男性在美好生活体验三个维度上不存在显著性差异。西部地区民众对国家社会、个人物质和家庭关系三个维度的美好生活需要进行评价，图3右图显示，男性群体得分分别为9.86分、9.13分、9.82分，女性群体得分分别为9.93分、9.39分、9.83分。独立样本 t 检验显示，在个人物质维度上，西部地区的女性比男性有更强烈的需求，且差异显著。

（2）不同年龄群体

东部地区民众对国家社会、个人物质和家庭关系三个维度的美好生活体验的评价，如图4左图所示，18～25岁群体得分分别为5.31分、4.44分、5.11分，26～35岁群体得分分别为5.08分、4.60分、5.23分，35岁以上群体得分分别为4.93分、4.39分、5.07分，单因素方差分析显示，不同年龄群体在美好生活体验的三个维度上均存在显著性差异。东部地区民众对国家社会、个人物质和家庭关系三个维度的美好生活需要进行评价，图4右图显示，18～25岁群体得分分别为9.98分、9.36分、9.89分，26～35岁群体得分分别为9.65分、9.21分、9.73分，35岁以上群体得分分别为9.50分、8.91分、9.53分。单因素方差分析显示，东部地区不同年龄群体在美好生活需要的三个维度上均存在显著性差异。

东北地区民众对国家社会、个人物质和家庭关系三个维度的美好生活体验的评价，如图4左图所示，18～25岁群体得分分别为5.41分、4.52分、5.08分，26～35岁群体得分分别为5.22分、4.32分、5.48分，35岁以上群体得分分别为5.10分、4.70分、5.42分。东北地区民众对国家社会、个人物质和家庭关系三个维度的美好生活需要进行评价，图4右图显示，18～25岁群体得分分别为9.94分、9.17分、9.72分，26～35岁群体得分分别为9.87分、9.41分、9.93分，35岁以上群体得分分别为9.87分、9.22分、9.73分。

中部地区民众对国家社会、个人物质和家庭关系三个维度的美好生活体验的评价，如图4左图所示，18~25岁群体得分分别为5.30分、4.22分、5.01分，26~35岁群体得分分别为4.82分、4.47分、4.89分，35岁以上群体得分分别为4.71分、4.25分、4.72分。单因素方差分析显示，不同年龄群体在美好生活体验三个维度上均存在显著性差异。中部地区民众对国家社会、个人物质和家庭关系三个维度的美好生活需要进行评价，图4右图显示，18~25岁群体得分分别为10.01分、9.18分、9.87分，26~35岁群体得分分别为9.49分、9.16分、9.51分，35岁以上群体得分分别为9.42分、8.94分、9.39分。单因素方差分析显示，中部地区不同年龄群体在美好生活需要三个维度上均存在显著性差异。

西部地区民众对国家社会、个人物质和家庭关系三个维度的美好生活体验的评价，如图4左图所示，18~25岁群体得分分别为5.29分、4.37分、5.01分，26~35岁群体得分分别为5.09分、4.62分、5.22分，35岁以上群体得分分别为5.11分、4.33分、5.10分。单因素方差分析显示，不同年龄群体在美好生活体验三个维度上均存在显著性差异。西部地区民众对国家社会、个人物质和家庭关系三个维度的美好生活需要进行评价，图4右图显

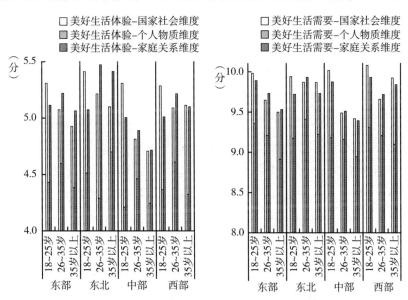

图4　四大地区不同年龄群体的美好生活体验和美好生活需要的得分情况

示，18~25 岁群体得分分别为 10.08 分、9.31 分、9.93 分，26~35 岁群体得分分别为 9.66 分、9.21 分、9.71 分，35 岁以上群体得分分别为 9.92 分、9.10 分、9.84 分。单因素方差分析显示，在国家社会维度上，西部地区不同年龄群体存在显著性差异。

（3）不同受教育程度群体

东部地区民众对国家社会、个人物质和家庭关系三个维度的美好生活体验的评价，如图 5 左图所示，高中（技校、职高、中专）毕业及以下群体得分分别为 4.88 分、4.21 分、4.90 分，大专（含在读）及以上群体得分分别为 5.20 分、4.63 分、5.27 分。东部地区民众对国家社会、个人物质和家庭关系三个维度的美好生活需要进行评价，图 5 右图显示，高中（技校、职高、中专）毕业及以下群体得分分别为 9.52 分、8.90 分、9.51 分，大专（含在读）及以上群体得分分别为 9.78 分、9.29 分、9.82 分。

东北地区民众对国家社会、个人物质和家庭关系三个维度的美好生活体验的评价，如图 5 左图所示，高中（技校、职高、中专）毕业及以下群体得分分别为 4.99 分、4.53 分、5.16 分，大专（含在读）及以上群体得分分别为 5.32 分、4.80 分、5.46 分。东北地区民众对国家社会、个人物质和家庭关系三个维度的美好生活需要进行评价，图 5 右图显示，高中（技校、职高、中专）毕业及以下群体得分分别为 9.57 分、8.87 分、9.44 分，大专（含在读）及以上群体得分分别为 10.02 分、9.48 分、9.98 分。

中部地区民众对国家社会、个人物质和家庭关系三个维度的美好生活体验的评价，如图 5 左图所示，高中（技校、职高、中专）毕业及以下群体得分分别为 4.60 分、4.19 分、4.56 分，大专（含在读）及以上群体得分分别为 5.23 分、4.49 分、5.21 分。中部地区民众对国家社会、个人物质和家庭关系三个维度的美好生活需要进行评价，图 5 右图显示，高中（技校、职高、中专）毕业及以下群体得分分别为 9.33 分、8.93 分、9.27 分，大专（含在读）及以上群体得分分别为 9.89 分、9.26 分、9.88 分。

西部地区民众对国家社会、个人物质和家庭关系三个维度的美好生活体验的评价，如图 5 左图所示，高中（技校、职高、中专）毕业及以下群体得分分别为 5.15 分、4.34 分、5.01 分，大专（含在读）及以上群体得分分别为 5.18 分、4.51 分、5.17 分。西部地区民众对国家社会、个人物质和家庭关系三个维度的美好生活需要进行评价，图 5 右图显示，高中（技校、职高、中专）毕业及以下群体得分分别为 9.96 分、9.09 分、9.86 分，大专（含在读）及以上群体得分分别为 9.84 分、9.28 分、9.80 分。

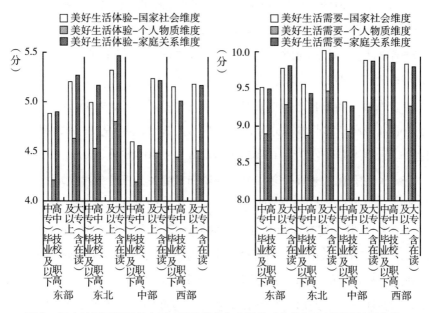

图 5　四大地区不同受教育程度群体的美好生活体验和美好生活需要的得分情况

（4）不同户口群体

东部地区民众对国家社会、个人物质和家庭关系三个维度的美好生活体验的评价，如图 6 左图所示，拥有本地城市户口的群体得分分别为 5.26 分、4.79 分、5.42 分，拥有本地农村户口的群体得分分别为 5.14 分、4.43 分、5.18 分，拥有外地城市户口的群体得分分别为 4.49 分、4.16 分、4.51 分，拥有外地农村户口的群体得分分别为 5.11 分、4.14 分、4.92 分。东部地区民众对国家社会、个人物质和家庭关系三个维度的美好生活需要进行评价，图 6 右图显示，拥有本地城市户口的群体得分分别为 9.84 分、9.33 分、9.86 分，拥有本地农村户口的群体得分分别为 9.67 分、9.06 分、9.74 分，

拥有外地城市户口的群体得分分别为9.06分、8.80分、9.07分，拥有外地农村户口的群体得分分别为9.92分、9.28分、9.86分。

东北地区民众对国家社会、个人物质和家庭关系三个维度的美好生活体验的评价，如图6左图所示，拥有本地城市户口的群体得分分别为5.21分、4.73、5.36分，拥有本地农村户口的群体得分分别为5.26分、4.77分、5.49分，拥有外地城市户口的群体得分分别为5.02分、4.21分、5.11分，拥有外地农村户口的群体得分分别为5.35分、4.75分、5.33分。东北地区民众对国家社会、个人物质和家庭关系三个维度的美好生活需要进行评价，图6右图显示，拥有本地城市户口的群体得分分别为9.88分、9.35分、9.81分，拥有本地农村户口的群体得分分别为9.84分、9.05分、9.71分，拥有外地城市户口的群体得分分别为9.91分、9.12分、9.90分，拥有外地农村户口的群体得分分别为10.05分、9.78分、10.16分。

中部地区民众对国家社会、个人物质和家庭关系三个维度的美好生活体验的评价，如图6左图所示，拥有本地城市户口的群体得分分别为5.44分、4.77分、5.50分，拥有本地农村户口的群体得分分别为5.04分、4.18分、4.90分，拥有外地城市户口的群体得分分别为4.20分、4.14分、4.19分，拥有外地农村户口的群体得分分别为4.95分、4.00分、4.80分。中部地区民众对国家社会、个人物质和家庭关系三个维度的美好生活需要进行评价，图6右图显示，拥有本地城市户口的群体得分分别为10.05分、9.40分、10.03分，拥有本地农村户口的群体得分分别为9.73分、9.02分、9.67分，拥有外地城市户口的群体得分分别为8.97分、8.89分、8.97分，拥有外地农村户口的群体得分分别为9.67分、8.86分、9.53分。

西部地区民众对国家社会、个人物质和家庭关系三个维度的美好生活体验的评价，如图6左图所示，拥有本地城市户口的群体得分分别为5.15分、4.53分、5.19分，拥有本地农村户口的群体得分分别为5.23分、4.43分、5.11分，拥有外地城市户口的群体得分分别为4.86分、4.43分、4.84分，拥有外地农村户口的群体得分分别为5.26分、4.07分、4.99分。西部地区民众对国家社会、个人物质和家庭关系三个维度的美好生活需要进行评价，

图6右图显示，拥有本地城市户口的群体得分分别为9.86分、9.22分、9.84分，拥有本地农村户口的群体得分分别为9.91分、9.21分、9.93分，拥有外地城市户口的群体得分分别为9.64分、9.18分、9.53分，拥有外地农村户口的群体得分分别为10.14分、9.24分、10.06分。

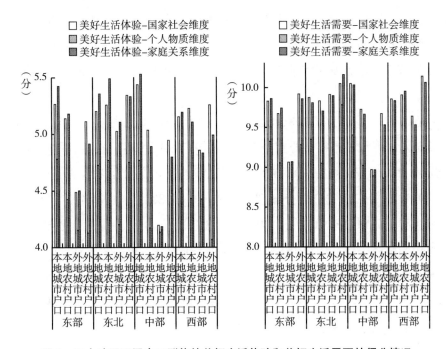

图6 四大地区不同户口群体的美好生活体验和美好生活需要的得分情况

（二）不同等级（发展水平）城市的美好生活体验和美好生活需要

根据被调查者的所在城市，按照城市发展水平划分，一线城市占整体的14.9%；新一线城市占23.0%，超过两成；二线城市占21.3%，也超过两成；三线城市占17.8%，不到两成；四线及以下城市占23.0%，也超过两成。

1. 不同等级（发展水平）城市的美好生活：三线城市的美好生活体验和美好生活需要的得分最高

图7呈现了不同等级（发展水平）城市的美好生活体验和美好生活需

要各自三个维度的得分，在美好生活体验（国家社会、个人物质和家庭关系）的三个维度上，一线城市得分分别为 4.97 分、4.46 分、5.04 分，新一线城市得分分别为 4.85 分、4.41 分、4.86 分，二线城市得分分别为 4.84 分、4.35 分、4.89 分，三线城市得分分别为 5.34 分、4.57 分、5.29 分，四线及以下城市得分分别为 5.27 分、4.49 分、5.27 分。五类不同等级（发展水平）的城市与整体类似，均对个人物质维度的评价最差。经单因素方差分析和事后检验发现，在美好生活体验三个维度上，三线城市均获得最高分。

在美好生活需要（国家社会、个人物质和家庭关系）的三个维度上，图 7 显示，一线城市得分分别为 9.67 分、9.20 分、9.67 分，新一线城市得分分别为 9.58 分、9.19 分、9.57 分，二线城市得分分别为 9.39 分、8.94 分、9.43 分，三线城市得分分别为 9.96 分、9.28 分、9.90 分，四线及以下城市得分分别为 9.91 分、9.19 分、9.88 分。五类不同等级（发展水平）的城市与整体类似，均对个人物质维度的评价最差。单因素方差分析和事后检验显示，在美好生活需要三个维度上，三线城市排名第一，二线城市排名最后。国家社会维度上，排名第三的一线城市和排名第四的新一线城市得分接近。家庭关系维度上，一线城市排名第三。

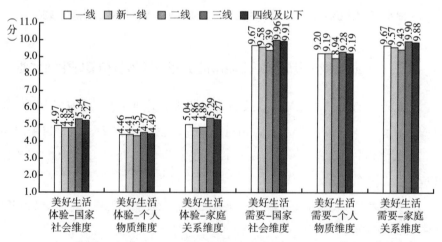

图 7　不同等级（发展水平）城市的美好生活体验和美好生活需要的得分情况

2. 不同等级（发展水平）城市中的不同群体的美好生活体验和美好生活需要的得分情况

图 8~图 9 展示了不同等级（发展水平）城市中的不同群体在美好生活体验和美好生活需要各自三个维度上的得分情况。在一线城市、新一线城市、二线城市、三线城市和四线及以下城市，男性被调查者分别占 59.8%、73.6%、70.8%、64.7% 和 66.9%，女性被调查者分别占 40.2%、26.4%、29.2%、35.3% 和 33.1%；高中（技校、职高、中专）毕业及以下学历的被调查者占 22.2%、46.0%、45.5%、37.7% 和 38.3%，大专（含在读）及以上学历的被调查者占 77.8%、54.0%、54.5%、62.3% 和 61.7%。

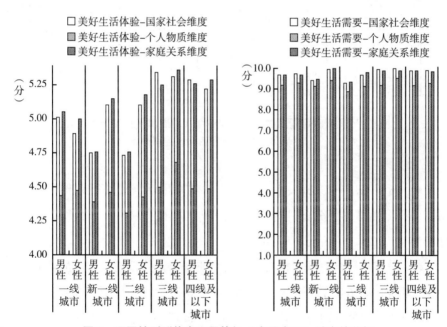

图 8　不同性别群体在不同等级（发展水平）城市的美好
生活体验和美好生活需要的得分情况

（1）不同性别群体

一线城市民众对国家社会、个人物质和家庭关系三个维度的美好生活体验的评价，如图 8 左图所示，男性群体得分分别为 5.02 分、4.44 分、5.06 分，女性群体得分分别为 4.90 分、4.48 分、5.01 分。一线城市民众对国

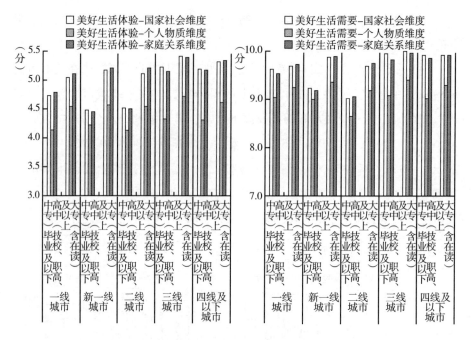

图9 不同受教育程度群体在不同等级（发展水平）城市的美好生活体验和美好生活需要的得分情况

家社会、个人物质和家庭关系三个维度的美好生活需要进行评价，图8右图显示，男性群体得分分别为9.64分、9.13分、9.66分，女性群体得分分别为9.72分、9.29分、9.69分。

新一线城市民众对国家社会、个人物质和家庭关系三个维度的美好生活体验的评价，如图8左图所示，男性群体得分分别为4.75分、4.39分、4.76分，女性群体得分分别为5.11分、4.46分、5.15分。新一线城市民众对国家社会、个人物质和家庭关系三个维度的美好生活需要进行评价，图8右图显示，男性群体得分分别为9.44分、9.11分、9.46分，女性群体得分分别为9.91分、9.42分、9.93分。独立样本 t 检验显示，新一线城市的女性和男性在美好生活体验的个人物质维度上差异不显著；在美好生活体验的国家社会和家庭关系维度上，女性比男性获得和实现了更好的体验；在美好生活需要三个维度上，新一线城市的女性比男性有更强烈的需求，且差异显著。

　　二线城市民众对国家社会、个人物质和家庭关系三个维度的美好生活体验的评分，如图 8 左图所示，男性群体得分分别为 4.73 分、4.31 分、4.76 分，女性群体得分分别为 5.11 分、4.43 分、5.19 分。二线城市民众对国家社会、个人物质和家庭关系三个维度的美好生活需要进行评价，图 8 右图显示，男性群体得分分别为 9.26 分、8.87 分、9.30 分，女性群体得分分别为 9.70 分、9.11 分、9.76 分。独立样本 t 检验显示，与男性相比，二线城市女性在国家社会、个人物质和家庭关系三个维度上，均实现了更好的美好生活体验，也均有更强烈的需求，且差异显著。

　　三线城市民众对国家社会、个人物质和家庭关系三个维度的美好生活体验的评价，如图 8 左图所示，男性群体得分分别为 5.35 分、4.50 分、5.25 分，女性群体得分分别为 5.32 分、4.69 分、5.37 分。三线城市民众对国家社会、个人物质和家庭关系三个维度的美好生活需要进行评价，图 8 右图显示，男性群体得分分别为 9.96 分、9.17 分、9.90 分，女性群体得分分别为 9.96 分、9.48 分、9.89 分。独立样本 t 检验显示，在个人物质维度上，女性比男性获得和实现了更好的美好生活体验，也有更强烈的需求，且差异显著。

　　四线及以下城市民众对国家社会、个人物质和家庭关系三个维度的美好生活体验的评价，如图 8 左图所示，男性群体得分分别为 5.29 分、4.49 分、5.26 分，女性群体得分分别为 5.23 分、4.49 分、5.29 分。四线及以下城市民众对国家社会、个人物质和家庭关系三个维度的美好生活需要进行评价，图 8 右图显示，男性群体得分分别为 9.91 分、9.14 分、9.89 分，女性群体得分分别为 9.91 分、9.27 分、9.86 分。

　　（2）不同受教育程度群体

　　一线城市民众对国家社会、个人物质和家庭关系三个维度的美好生活体验的评价，如图 9 左图所示，高中（技校、职高、中专）毕业及以下群体得分分别为 4.72 分、4.15 分、4.77 分，大专（含在读）及以上群体得分分别为 5.04 分、4.54 分、5.11 分。独立样本 t 检验显示，一线城市的受教育程度较高群体比较低群体在美好生活体验三个维度上均获得和实现了较好的体验，且差异显著。一线城市民众对国家社会、个人物质和家庭关系三个

维度的美好生活需要进行评价，图9右图显示，高中（技校、职高、中专）毕业及以下群体得分分别为9.63分、9.04分、9.53分，大专（含在读）及以上群体得分分别为9.68分、9.24分、9.71分。独立样本 t 检验显示，一线城市不同受教育程度群体在美好生活需要三个维度上均不存在显著差异。

新一线城市民众对国家社会、个人物质和家庭关系三个维度的美好生活体验的评价，如图9左图所示，高中（技校、职高、中专）毕业及以下群体得分分别为4.48分、4.23分、4.45分，大专（含在读）及以上群体得分分别为5.16分、4.57分、5.22分；新一线城市民众对国家社会、个人物质和家庭关系三个维度的美好生活需要进行评价，图9右图显示，高中（技校、职高、中专）毕业及以下群体得分分别为9.24分、8.99分、9.19分，大专（含在读）及以上群体得分分别为9.87分、9.37分、9.89分。二线城市民众对国家社会、个人物质和家庭关系三个维度的美好生活体验的评价，如图9左图所示，高中（技校、职高、中专）毕业及以下群体得分分别为4.53分、4.13分、4.50分，大专（含在读）及以上群体得分分别为5.11分、4.53分、5.21分；二线城市民众对国家社会、个人物质和家庭关系三个维度的美好生活需要进行评价，图9右图显示，高中（技校、职高、中专）毕业及以下群体得分分别为9.02分、8.65分、9.06分，大专（含在读）及以上群体得分分别为9.70分、9.18分、9.75分。独立样本 t 检验显示，新一线城市和二线城市的受教育程度较高群体比较低群体在国家社会、个人物质和家庭关系三个维度上，均获得和实现了更好的美好生活体验，以及有着更强烈的美好生活需要，且差异显著。

三线城市民众对国家社会、个人物质和家庭关系三个维度的美好生活体验的评价，如图9左图所示，高中（技校、职高、中专）毕业及以下群体得分分别为5.21分、4.33分、5.15分，大专（含在读）及以上群体得分分别为5.41分、4.72分、5.38分；三线城市民众对国家社会、个人物质和家庭关系三个维度的美好生活需要进行评价，图9右图显示，高中（技校、职高、中专）毕业及以下群体得分分别为9.94分、9.09分、9.82分，大专（含在读）及以上群体得分分别为9.97分、9.40分、9.94分。四线及以下城市民众对国家社会、个人物质和家庭关系三个维度的美好生活体验的评价，如图9左图显示，高中（技校、职高、中专）毕业及以下群体得分分别为5.17分、4.31分、5.16分，大专（含在读）及以上群体得分分别为5.33分、4.61分、5.34分；四线及以下城市民众对国家社会、个人物质和家庭关系三个维度的美好生活需要进行评价，图9右图显示，高中（技校、职高、中专）毕业及以下群体得分分别为9.90分、9.03分、9.84分，大专（含在读）及以上群体得分分别为9.91分、9.29分、9.90分。

3. 北京、上海、深圳、广州的美好生活体验和美好生活需要的得分情况

四个一线城市的被调查者共1265名，其中北京占19.2%，近二成；上海占28.1%，近三成；深圳占31.5%，略超过三成；广州占21.2%，略超过二成。

图10为四个一线城市（北京、上海、深圳、广州）在美好生活体验和美好生活需要各自三个维度上的得分情况。在美好生活体验的国家社会维度上，按得分排序为上海、北京、深圳、广州，得分分别为5.09分、5.01分、4.93分、4.82分。在个人物质维度上，按得分排序是上海、深圳、北京、广州，得分分别为4.63分、4.53分、4.31分、4.25分。在家庭关系维度上，按得分排序为上海、北京、深圳、广州，得分分别为5.18分、5.10分、5.03分、4.81分。

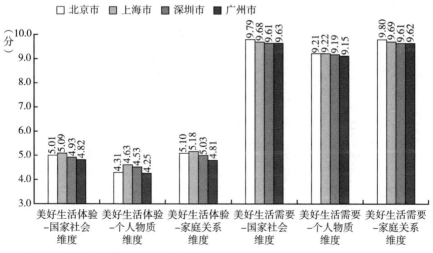

图10 北京、上海、深圳、广州的美好生活体验和美好生活需要的得分情况

（三）三大城市群的美好生活体验和美好生活需要的得分情况

1. 三大城市群的美好生活状况得分情况

图 11 列出了京津冀、长三角和珠三角三大城市群的美好生活状况得分。在美好生活体验的国家社会维度上，京津冀、长三角、珠三角三大城市群的得分分别为 4.76 分、5.18 分、5.03 分；京津冀、长三角、珠三角三大城市群的个人物质维度得分分别为 4.26 分、4.60 分、4.49 分；京津冀、长三角、珠三角三大城市群的家庭关系维度得分分别为 4.88 分、5.22 分、5.05分。经单因素方差分析和事后检验统计分析发现，在三个维度上，长三角城市群民众的美好生活体验得分最高，珠三角城市群次之，京津冀城市群排在最后，三大城市群之间差异显著。

在美好生活需要的国家社会维度上，京津冀、长三角、珠三角三大城市群的得分分别为 9.43 分、9.81 分、9.70 分；在个人物质维度上，京津冀、长三角、珠三角三大城市群的得分分别为 9.02 分、9.29 分、9.19 分；在家庭关系维度上，京津冀、长三角、珠三角三大城市群的得分分别为 9.43 分、9.81 分、9.70 分。

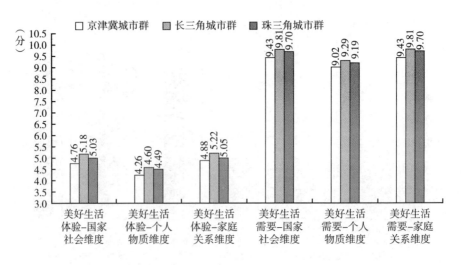

图 11　三大城市群的美好生活体验和美好生活需要的得分情况

2. 三大城市群中不同群体的美好生活状况得分情况

（1）不同性别群体

京津冀城市群民众对国家社会、个人物质和家庭关系三个维度的美好生活体验的评价，如图 12 左图所示，男性群体得分分别为 4.60 分、4.18 分、4.74 分，女性群体得分分别为 5.12 分、4.44 分、5.19 分。京津冀城市群民众对国家社会、个人物质和家庭关系三个维度的美好生活需要进行评价，图 12 右图显示，男性群体得分分别为 9.15 分、8.79 分、9.16 分，女性群体得分分别为 10.00 分、9.52 分、9.99 分。独立样本 t 检验显示，京津冀城市群的女性比男性在三个维度上，均有较好的美好生活体验和较强烈的美好生活需要，且差异显著。

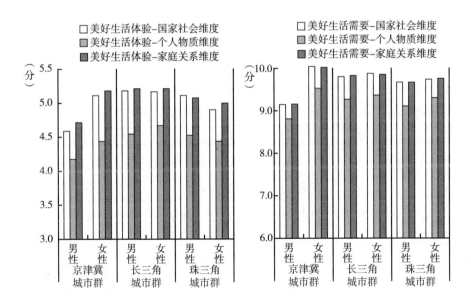

图 12　不同性别群体在不同城市群的美好生活体验和美好生活需要的得分情况

长三角城市群民众对国家社会、个人物质和家庭关系三个维度的美好生活体验的评价，如图 12 左图所示，男性群体得分分别为 5.19 分、4.55 分、5.21 分，女性群体得分分别为 5.17 分、4.68 分、5.23 分。长三角城市群民众对国家社会、个人物质和家庭关系三个维度的美好生活需要进行评价，

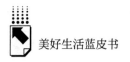

图 12 右图显示，男性群体得分分别为 9.78 分、9.25 分、9.80 分，女性群体得分分别为 9.84 分、9.36 分、9.82 分。

珠三角城市群民众对国家社会、个人物质和家庭关系三个维度的美好生活体验的评价，如图 12 左图所示，男性群体得分分别为 5.12 分、4.53 分、5.08 分，女性群体得分分别为 4.91 分、4.45 分、5.01 分。独立样本 t 检验显示，珠三角城市群的男性比女性在国家社会维度上获得并实现了更好的美好生活体验，且差异显著。珠三角城市群民众对国家社会、个人物质和家庭关系三个维度的美好生活需要进行评价，图 12 右图显示，男性群体得分分别为 9.67 分、9.11 分、9.67 分，女性群体得分分别为 9.73 分、9.30 分、9.75 分。

（2）不同受教育程度群体

京津冀城市群民众对国家社会、个人物质和家庭关系三个维度的美好生活体验的评价，如图 13 左图所示，高中（技校、职高、中专）毕业及以下群体得分分别为 4.28 分、3.85 分、4.38 分，大专（含在读）及以上群体得分分别为 5.09 分、4.54 分、5.21 分。京津冀城市群民众对国家社会、个人物质和家庭关系三个维度的美好生活需要进行评价，如图 13 右图所示，高中（技校、职高、中专）毕业及以下群体得分分别为 8.94 分、8.59 分、8.90 分，大专（含在读）及以上群体得分分别为 9.75 分、9.31 分、9.78 分。

长三角城市群民众对国家社会、个人物质和家庭关系三个维度的美好生活体验的评价，如图 13 左图所示，高中（技校、职高、中专）毕业及以下群体得分分别为 5.06 分、4.34 分、5.09 分，大专（含在读）及以上群体得分分别为 5.22 分、4.69 分、5.27 分。长三角城市群民众对国家社会、个人物质和家庭关系三个维度的美好生活需要评价上，图 13 右图显示，高中（技校、职高、中专）毕业及以下群体得分分别为 9.67 分、9.02 分、9.59 分，大专（含在读）及以上群体得分分别为 9.85 分、9.38 分、9.88 分。

珠三角城市群民众对国家社会、个人物质和家庭关系三个维度的美好生活体验的评价，如图 13 左图所示，高中（技校、职高、中专）毕业及以下群体得分分别为 4.90 分、4.26 分、4.83 分，大专（含在读）及以上群体得分分

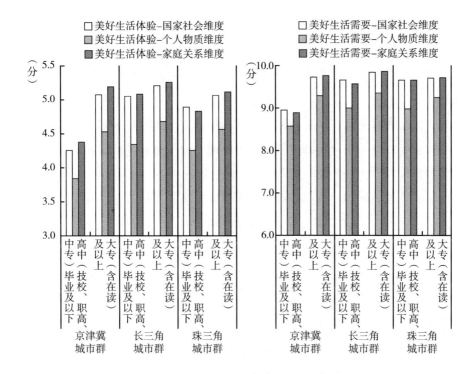

图 13 不同受教育程度群体在不同城市群的美好生活体验和美好生活需要的得分情况

别为 5.07 分、4.58 分、5.13 分。珠三角城市群民众对国家社会、个人物质和家庭关系三个维度的美好生活需要进行评价，图 13 右图显示，高中（技校、职高、中专）毕业及以下群体得分分别为 9.67 分、8.99 分、9.67 分，大专（含在读）及以上群体得分分别为 9.71 分、9.26 分、9.72 分。

四 研究发现及建议

通过比较四大地区、不同等级（发展水平）城市以及三大城市群的美好生活状况，得出以下结果。

第一，东北地区民众的美好生活体验最好，对美好生活的需要最强烈。中部地区民众的美好生活体验最差，对美好生活的需要也最微弱。联合国发布的《2018 年全球幸福报告》关注了中国的农村移民，从农村迁入城市的农村居民的幸福指数平均值为 2.4 分，处于最低位，低于没有流动经历的农村居民的幸福指数（2.7 分）。图 6 左图中可以看到，相较于对国家社会和家庭关系维度的评价，东部、中部和西部地区拥有外地农村户口的人群在个人物质维度上的美好生活体验极差。拥有外地农村户口的人群的流动原因更多与个人物质有关，在现实的流动工作和生活中，实际获得的个人物质维度上的体验可能并不十分美好。从中也可看到，课题组的调查结果也与全球调查数据比较一致。

第二，三线城市受访民众的美好生活体验最好，对美好生活的需要也最强烈。二线城市受访民众的美好生活体验最差，对美好生活的需要也最微弱。四个一线城市的受访民众中，上海民众的美好生活体验最好。在北京、上海、深圳、广州四个一线城市的受访民众中，上海受访民众在美好生活体验三个维度上评价最高，广州受访民众评价最低。近几年，深圳的城市发展水平逐渐赶超广州，从受访民众的评价上也有所体现。在国家社会维度，深圳受访民众得分高于广州受访民众。在个人物质和家庭关系维度上，深圳受访民众比广州受访民众实现了更高质量的美好生活。

第三，从城市群的美好生活状况评价得分来看，从高到低依次为长三角城市群、珠三角城市群、京津冀城市群。从城市群分析美好生活状况，长三角城市群民众的美好生活状况最好，而京津冀城市群民众的美好生活状况相对较差。

对三个最具城市化主导作用的城市群内不同群体的美好生活状况的分析可以看到，长三角城市群、珠三角城市群和京津冀城市群有各自的特点。在香港的一项实证研究揭示：地理因素不仅与整体幸福感、生活满意度相关，也与有暂时性质的幸福感相关。生活满意度比暂时幸福感更容易受到地理条件的影响。对区域和城市的美好生活状况进行分析，不仅探讨了美好生活与地理和环境的关系，也有助于根据美好生活与地理相关的特点，通过研究美好生活与幸福感、生活满意度的关系，进一步深入研究美好生活的成分和本质特征。未来的调查和研究方向，除了对美好生活状况进行纵向追踪调查，还可以聚焦在研究美好生活状况的前因变量和后果变量。

参考文献

黄洁、岙涛、张国钦、李新虎：《中国三大城市群城市化动态特征对比》，《中国人口·资源与环境》2014 年第 7 期。

应小萍：《居民生活压力感：城市比较研究》，载王俊秀主编《中国社会心态研究报告（2016）》，社会科学文献出版社，2006。

曾鹏、毕超：《中国十大城市群可持续发展能力比较研究》，《华东经济管理》2015 年第 5 期。

Schwanen，T.，Wang，D.，"Well – Being, Context, and Everyday Activities in Space and Time"，*Annals of the Association of American Geographers* 104（2014）.

B.4
不同主观社会阶层的美好生活分析报告（2020）

高文珺*

摘　要： 本研究分析了不同主观社会阶层的美好生活。其中，将美好生活分为美好生活需要和美好生活体验两方面，包括国家社会、个人物质和家庭关系三个维度。结果发现，客观社会地位会影响受访者的美好生活，不同主观社会阶层的被访者在美好生活需要和美好生活体验上都存在差异。

关键词： 美好生活需要　美好生活体验　主观社会阶层

一　引言

党的十九大报告中，对美好生活需要的阐释成为全社会广泛关注的话题。中国社会科学院社会学研究所社会心理学研究中心与智媒云图联合发布了《民众美好生活需要调查（2019）》，首次在学界对美好生活需要进行了系统的界定，将美好生活区分为美好生活需要和美好生活体验。其中，美好生活需要是指民众对美好生活的设想，即在个人心目中的美好生活需要什么；而美好生活体验是分析个人实际生活体验是否美好，是否实现了美好生活的程度。研究发现，不同人群的美好生活需要和美好生活体验存在差异，

---

* 高文珺，中国社会科学院社会学研究所副研究员、博士，研究方向为社会心理学。

本研究特别关注的是不同主观社会阶层的被访者在美好生活感受上是否存在差异。

主观社会阶层是一种阶层认同，即个人对自己在社会阶层结构中所占据位置的感知。以往研究显示，主观社会阶层不同的人，其健康、幸福感、社会态度、社会认知和社会行为都会存在差异。因此，本研究假定，主观社会阶层会影响人们对美好生活的设想和体验，将重点探讨主观社会阶层与美好生活需要和美好生活体验之间的关系。

二　研究方法

（一）调查对象

本研究通过智媒云图研发的问卷调研App"问卷宝"，向在线样本库的全国用户（共约110万人，覆盖全国346座地级城市）推送问卷，随后依靠用户分享问卷的方式来进行滚雪球式发放。问卷收回后，课题组依据测谎题、答题完成情况等对问卷进行筛选，最终得到有效成人问卷8484份。其中，男性为5683人，占67.0%；女性为2801人，占33.0%。年龄范围是18~70岁，平均年龄为30.63±8.98岁。调查对象来自北京、安徽、福建、甘肃、广东、广西、贵州、海南、河北、河南、黑龙江、湖北、湖南、吉林、江苏、江西、辽宁、内蒙古、宁夏、青海、山东、山西、陕西、上海、四川、天津、新疆、云南、浙江和重庆30个省、自治区和直辖市。调查对象具体情况见表1。

（二）测量工具

1. "美好生活需要量表"

本研究采用课题组编制的"美好生活需要量表"，测量采用11点量表计分，评估每个项目在自己心中的重要程度，从"非常不重要"到"非常重要"进行评价。共设置18个题目，包括前期研究所得关于美好生活的

表1　样本基本情况①

单位：人，%

变量	类别	人数	占比
性别	男	5683	67.0
	女	2801	33.0
受教育程度	小学毕业及以下	79	0.9
	初中毕业	390	4.6
	高中(技校、职高、中专)毕业	2513	29.6
	大专(含在读)	1980	23.3
	大学本科(含在读)	3134	36.9
	研究生(含在读)及以上	388	4.6
月收入	1000元及以下	818	9.6
	1001～3000元	1006	11.9
	3001～5000元	2499	29.5
	5001～7000元	2332	27.5
	7001～10000元	1035	12.2
	10000元以上	794	9.4
职业	国家机关、党群组织、企业、事业单位负责人	376	4.4
	专业技术人员	1728	20.4
	办事人员和有关人员	796	9.4
	商业、服务业人员	2271	26.8
	农、林、牧、渔、水利业生产人员	557	6.6
	生产、运输设备操作人员及有关人员	643	7.6
	军人	16	0.2
	自由职业者	925	10.9
	其他	1172	13.8

18个联想词，如世界和平、社会和谐、满意的收入、富足的物质生活、家人团圆、亲密爱人等，划分为国家社会、个人物质和家庭关系三个维度。为了与美好生活体验更好地对应，将各个项目得分转换为7点量表计分。

---

① 在本章节的调查中，因月收入为10001～15000元、15001～30000元、30000元以上的受访者人数较少，因而将其合并为10000元以上。

2. "美好生活体验量表"

将"美好生活体验量表"中的 18 个词汇编制成对应的生活状态语句，比如"我觉得我们的世界是和平的""我认为社会整体上是和谐的""我有一份不错的收入""我觉得现在的生活很富足""我经常可以和家人团圆""我有个亲密爱人"等。请调查对象在 7 点量表上评估，"1"表示非常不同意，"7"表示非常同意。调查同样对应国家社会、个人物质和家庭关系三个维度。

3. 主观社会阶层测量

主观社会阶层采用国内外研究中常用的阶梯量表测量，给调查对象呈现用数字标注的阶梯图案，"1"代表处于社会的最底层，"10"代表处于社会的最上层，请调查对象选择自己目前所处等级。为便于理解结果，将 10 点计分的主观社会阶层划分为五类，分别是底层（1~2）、中下层（3~4）、中层（5~6）、中上层（7~8）和上层（9~10）。

4. 客观社会地位测量

为排除客观社会地位的影响，本研究对客观社会地位也进行了测量。其中，职业的测量参照人力资源和社会保障部对国家职业资格管理的分类，将职业分为国家机关、党群组织、企业、事业单位负责人，专业技术人员，办事人员和有关人员，商业、服务业人员，农、林、牧、渔、水利业生产人员，生产、运输设备操作人员及有关人员，军人和不便分类的其他从业人员八个大类，将最后一类其他从业人员进一步划分为自由职业者和其他两类，最终划分了九类职业。

三　研究结果

（一）客观社会地位、主观社会阶层与美好生活

1. 美好生活需要和美好生活体验的基本特点

通过分析（见表 2、图 1），人们在设想美好生活需要的时候，最注重

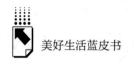
的是国家社会康宁繁荣和家庭关系和睦，其次是个人物质需要的满足。而在现实的美好生活体验上，多数调查对象认为，在家庭关系维度和国家社会维度美好生活实现的程度较强，而个人物质维度的美好生活实现程度较弱。通过重复测量方差分析比较美好生活需要和美好生活体验之间的差异发现，现实中美好生活实现的程度，也就是人们自身的美好生活体验，与人们对美好生活的设想还有一定距离，表明美好生活需要尚有提升的空间。

表 2　美好生活需要和美好生活体验的基本特点

单位：分

维度	美好生活需要	美好生活体验	重复测量方差分析
国家社会	6.21	5.03	$F = 12631.40$ ***
个人物质	5.91	4.45	$F = 12203.48$ ***
家庭关系	6.21	5.06	$F = 10231.00$ ***

注：*** 表示 $p < 0.001$。

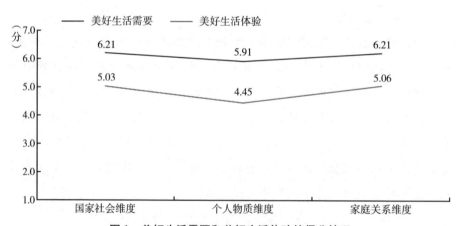

图 1　美好生活需要和美好生活体验的得分情况

2. 客观社会地位与美好生活需要和美好生活体验

（1）受教育程度与美好生活需要和美好生活体验

采用方差分析的方法，比较不同受教育程度群体在美好生活需要和美好生活体验各自三个维度上的得分，结果见表 3。不同受教育程度群体在美好生活需要和美好生活体验上存在差异。

表 3　不同受教育程度群体在美好生活需要和美好生活体验各自三个维度上的得分

单位：分

受教育程度	美好生活需要－国家社会维度	美好生活需要－个人物质维度	美好生活需要－家庭关系维度	美好生活体验－国家社会维度	美好生活体验－个人物质维度	美好生活体验－家庭关系维度
小学毕业及以下	6.09	5.82	6.12	4.90	4.14	4.97
初中毕业	6.18	5.74	6.14	5.04	4.29	5.17
高中(技校、职高、中专)毕业	6.02	5.78	6.02	4.67	4.25	4.69
大专(含在读)	6.24	5.89	6.26	5.06	4.39	5.11
大学本科(含在读)	6.34	6.02	6.33	5.29	4.65	5.29
研究生(含在读)及以上	6.26	6.00	6.29	5.16	4.69	5.27
F 值	45.38 ***	24.46 ***	44.95 ***	101.65 ***	36.598 ***	82.486 ***

注：*** 表示 $p < 0.001$。

（2）月收入与美好生活需要和美好生活体验

采用方差分析的方法，比较不同月收入群体在美好生活需要和美好生活体验各自三个维度上的得分，结果见表 4。不同月收入群体在美好生活需要和美好生活体验上存在差异，在美好生活体验的个人物质维度上，调查对象的月收入越高，美好生活体验越好。

表 4　不同月收入群体在美好生活需要和美好生活体验各自三个维度上的得分

单位：分

月收入	美好生活需要－国家社会维度	美好生活需要－个人物质维度	美好生活需要－家庭关系维度	美好生活体验－国家社会维度	美好生活体验－个人物质维度	美好生活体验－家庭关系维度
1000 元及以下	6.36	5.82	6.26	5.17	3.82	4.80
1001～3000 元	6.33	5.89	6.31	5.05	4.10	5.04
3001～5000 元	6.20	5.89	6.19	4.92	4.35	4.96
5001～7000 元	6.10	5.89	6.11	4.93	4.57	4.99
7001～10000 元	6.24	6.00	6.30	5.20	4.81	5.35
10000 元以上	6.20	5.99	6.27	5.28	5.05	5.49
F 值	19.69 ***	5.88 ***	14.58 ***	25.63 ***	135.02 ***	48.95 ***

注：*** 表示 $p < 0.001$。

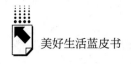

（3）职业与美好生活需要和美好生活体验

采用方差分析的方法，比较不同职业群体在美好生活需要和美好生活体验各自三个维度上的得分，结果见表5。不同职业群体在美好生活需要和美好生活体验各自三个维度上存在差异。

表5　不同职业群体在美好生活需要和美好生活体验各自三个维度上的得分

单位：分

职业	美好生活需要-国家社会维度	美好生活需要-个人物质维度	美好生活需要-家庭关系维度	美好生活体验-国家社会维度	美好生活体验-个人物质维度	美好生活体验-家庭关系维度
国家机关、党群组织、企业、事业单位负责人	6.31	6.21	6.31	5.46	5.22	5.58
专业技术人员	6.26	6.09	6.29	5.20	4.68	5.34
办事人员和有关人员	6.22	5.96	6.25	4.97	4.59	5.13
商业、服务业人员	6.07	6.02	6.06	4.79	4.41	4.80
农、林、牧、渔、水利业生产人员	5.96	5.86	6.00	4.70	4.37	4.76
生产、运输设备操作人员及有关人员	6.27	5.78	6.34	5.03	4.31	5.22
军人	6.30	5.84	6.33	5.23	4.80	5.28
自由职业者	6.24	5.93	6.22	5.14	4.32	5.11
其他	6.42	5.90	6.33	5.21	4.07	4.96
F 值	28.12 ***	7.59 ***	23.56 ***	42.21 ***	47.22 ***	45.42 ***

注：*** 表示 $p < 0.001$。

3. 主观社会阶层的基本特点

通过分析，不同主观社会阶层被访者平均得分为5.19分，多数调查对象认为自己处在社会中游位置，形成中层认同。根据表6所展示的主观社会阶层认同分布可以看出，主观社会阶层整体上偏中层及以下的认同趋势。

表6　主观社会阶层认同分布

单位：%

主观社会阶层	占比
底层	6.1
中下层	24.6
中层	51.6
中上层	15.8
上层	1.9

（二）不同主观社会阶层与美好生活需要和美好生活体验（国家社会维度）

1. 不同主观社会阶层被访者在美好生活需要国家社会维度的分数

采用方差分析和协方差分析的方法，比较不同主观社会阶层被访者在美好生活需要国家社会维度的分数。在控制年龄、受教育程度和月收入的影响之后（见表7），被访者的主观社会阶层越高，越重视国家社会维度。协变量客观社会地位也会影响不同主观社会阶层被访者在美好生活需要国家社会维度的分数。

课题组采用重复测量方差分析的方法，分别以国家社会维度八个具体的条目为被试内变量分析差异，同时，将主观社会阶层作为被试间变量纳入，结果见表8。

表7　不同主观社会阶层被访者在美好生活需要—国家社会维度的分数

单位：分

主观社会阶层	平均值	标准差	F 值	不控制人口学变量的 F 值	协变量 F 值
底层	5.92	1.27	$F = 54.19$ $p < 0.001$	$F = 43.04$ $p < 0.001$	年龄：$F = 49.786$ *** 受教育程度： $F = 108.21$ *** 月收入：$F = 108.40$ ***
中下层	6.23	0.88			
中层	6.16	0.73			
中上层	6.39	0.68			
上层	6.50	0.68			

注：*** 表示 $p < 0.001$。

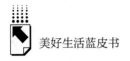

表8 不同主观社会阶层被访者在美好生活需要—国家社会维度的
重复测量方差分析结果

单位：分

主观社会阶层	世界和平	社会和谐	社会稳定	司法公正	社会文明	民主制度	国家富强	安全的生活环境
底层	5.80	5.91	6.01	5.90	5.88	5.85	6.02	6.02
中下层	6.10	6.23	6.28	6.20	6.22	6.15	6.33	6.31
中层	6.12	6.17	6.18	6.16	6.16	6.10	6.22	6.20
中上层	6.37	6.39	6.42	6.40	6.39	6.33	6.42	6.42
上层	6.53	6.53	6.50	6.48	6.48	6.47	6.54	6.50
平均值	6.14	6.21	6.24	6.20	6.20	6.14	6.27	6.26
需要类型主效应	$F = 24.516, p < 0.001$							
主观社会阶层主效应	$F = 43.04, p < 0.001$							
交互作用	$F = 5.11, p < 0.001$							

具体而言，受访者更重视国家富强和安全的生活环境，而对世界和平和民主制度的重视程度相对弱些。

2. 不同主观社会阶层被访者在美好生活体验国家社会维度的分数

采用方差分析和协方差分析的方法，比较不同主观社会阶层被访者在美好生活体验国家社会维度的分数。在控制年龄、受教育程度和月收入的影响之后（见表9），被访者的主观社会阶层越高，美好生活体验越好。协变量客观社会地位也会影响不同主观社会阶层被访者在美好生活体验国家社会维度的分数。

表9 不同主观社会阶层被访者在美好生活体验—国家社会维度的分数

单位：分

主观社会阶层	平均值	标准差	F 值	不控制人口学变量的 F 值	协变量 F 值
底层	4.49	1.32	$F = 153.17$ $p < 0.001$	$F = 163.46$ $p < 0.001$	年龄：$F = 96.47$*** 受教育程度： $F = 155.63$*** 月收入：$F = 28.02$***
中下层	4.92	1.00			
中层	4.96	1.01			
中上层	5.58	1.01			
上层	5.58	1.28			

注：*** 表示 $p < 0.001$。

　　课题组采用重复测量方差分析的方法，分别以国家社会维度八个具体的条目为被试内变量分析差异，同时，将主观社会阶层作为被试间变量纳入，结果见表10。具体而言，受访者对于国家富强的体验最好，其次是社会文明和社会和谐，受访者对于司法公正和世界和平的体验相对最差。

表10　不同主观社会阶层被访者在美好生活体验—国家社会
维度的重复测量方差分析结果

单位：分

主观社会阶层	世界和平	社会和谐	社会稳定	司法公正	社会文明	民主制度	国家富强	安全的生活环境
底层	4.20	4.60	4.64	4.14	4.60	4.22	4.99	4.50
中下层	4.53	5.04	4.97	4.61	5.06	4.72	5.40	5.01
中层	4.74	5.02	4.98	4.80	5.02	4.88	5.24	4.99
中上层	5.38	5.60	5.60	5.46	5.65	5.54	5.80	5.61
上层	5.56	5.67	5.48	5.49	5.65	5.63	5.63	5.50
平均值	4.77	5.11	5.06	4.83	5.12	4.92	5.36	5.07
需要类型主效应	$F = 113.56, p < 0.001$							
主观社会阶层主效应	$F = 152.73, p < 0.001$							
交互作用	$F = 14.89, p < 0.001$							

（三）不同主观社会阶层与美好生活需要和美好生活体验（个人物质维度）

1. 不同主观社会阶层被访者在美好生活需要个人物质维度的分数

　　在控制年龄、受教育程度和月收入的影响之后（见表11），被访者的主观社会阶层越高，越重视个人物质维度。

表 11 不同主观社会阶层被访者在美好生活需要—个人物质维度的分数

单位：分

主观社会阶层	平均值	标准差	F 值	不控制人口学变量的 F 值	协变量 F 值
底层	5.44	1.43	F = 98.09 p < 0.001	F = 100.137 p < 0.001	年龄：F = 15.70 *** 受教育程度： F = 56.60 *** 月收入：F = 9.819 **
中下层	5.76	1.06			
中层	5.92	0.74			
中上层	6.19	0.71			
上层	6.43	0.70			

注：*** 表示 p < 0.001，** 表示 p < 0.01。

课题组采用重复测量方差分析的方法，分别以个人物质维度五个具体的条目为被试内变量分析差异，同时，将主观社会阶层作为被试间变量纳入，结果见表 12。

表 12 不同主观社会阶层被访者在美好生活需要—个人物质
维度的重复测量方差分析结果

单位：分

主观社会阶层	有钱花	得到享受	富足的物质生活	去旅游	满意的收入
底层	5.52	5.44	5.59	5.12	5.53
中下层	5.86	5.73	5.92	5.34	5.95
中层	5.94	5.91	5.99	5.75	6.04
中上层	6.18	6.17	6.22	6.07	6.28
上层	6.44	6.45	6.44	6.38	6.42
平均值	5.94	5.89	5.99	5.67	6.03
需要类型主效应	$F = 101.05, p < 0.001$				
主观社会阶层主效应	$F = 100.14, p < 0.001$				
交互作用	$F = 23.83, p < 0.001$				

具体而言，受访者更重视的是和金钱有关的需要，比如"有钱花""满意的收入""富足的物质生活"。

2. 不同主观社会阶层被访者在美好生活体验个人物质维度的分数

在控制年龄、受教育程度和月收入的影响之后，结果显示（见表 13），被访者的主观社会阶层越高，美好生活体验越好。调查采用 7 点量表计分，平均值为 4 分，而底层和中下层的被访者得分均在 4 分以下，表明他们认为个人物质维度的美好生活体验在现实中没有实现。

表 13　不同主观社会阶层被访者在美好生活体验—个人物质维度的分数

单位：分

主观社会阶层	平均值	标准差	F 值	不控制人口学变量的 F 值	协变量 F 值
底层	3.27	1.36	$F = 445.72$ $p < 0.001$	$F = 588.69$ $p < 0.001$	年龄：$F = 2.03$ 受教育程度： $F = 37.06^{**}$ 月收入：$F = 108.49^{***}$
中下层	3.87	1.15			
中层	4.56	1.01			
中上层	5.35	1.02			
上层	5.51	1.35			

注：** 表示 $p < 0.01$，*** 表示 $p < 0.001$。

课题组采用重复测量方差分析的方法，分别以五个具体的条目为被试内变量分析差异，同时，将主观社会阶层作为被试间变量纳入，结果见表 14。从平均值上看，受访者对于"得到享受"和"去旅游"的体验是最好的。与之相对，受访者比较重视的"满意的收入""有钱花"等经济条件需要，体验则相对差些。

表 14　不同主观社会阶层被访者在美好生活体验—个人物质

维度的重复测量方差分析结果

单位：分

主观社会阶层	有钱花	得到享受	富足的物质生活	去旅游	满意的收入
底层	3.33	3.56	3.26	3.24	2.98
中下层	3.72	4.18	3.89	3.91	3.65
中层	4.48	4.72	4.55	4.60	4.42
中上层	5.32	5.43	5.31	5.46	5.24
上层	5.60	5.58	5.39	5.56	5.42
平均值	4.37	4.65	4.44	4.50	4.29
需要类型主效应	$F = 47.49, p < 0.001$				
主观社会阶层主效应	$F = 588.69, p < 0.001$				
交互作用	$F = 8.473, p < 0.001$				

（四）不同主观社会阶层与美好生活需要和美好生活体验（家庭关系维度）

1. 不同主观社会阶层被访者在美好生活需要家庭关系维度的分数

控制年龄、受教育程度和月收入的影响进行协方差分析，结果显示（见表15），受访者的主观社会阶层越高，就越重视家庭关系维度；中下层和中层受访者得分接近。

表15　不同主观社会阶层被访者在美好生活需要—家庭关系维度的分数

单位：分

主观社会阶层	平均值	标准差	F 值	不控制人口学变量的 F 值	协变量 F 值
底层	5.90	1.20	$F = 54.40$ $p < 0.001$	$F = 51.45$ $p < 0.001$	年龄：$F = 24.36$ *** 受教育程度：$F = 101.30$ *** 月收入：$F = 41.13$ **
中下层	6.20	0.90			
中层	6.17	0.72			
中上层	6.42	0.66			
上层	6.51	0.68			

注：*** 表示 $p < 0.001$，** 表示 $p < 0.01$。

课题组采用重复测量方差分析的方法，分别以家庭关系维度五个具体的条目为被试内变量分析差异，同时，将主观社会阶层作为被试间变量纳入，结果见表16。具体而言，受访者相对更重视家庭和家人，对"亲密爱人"和"爱情甜蜜"的评价略低。

表16　不同主观社会阶层被访者在美好生活需要—家庭关系维度的重复测量

方差分析结果

单位：分

主观社会阶层	家人团圆	家庭温馨	相亲相爱的家人	亲密爱人	爱情甜蜜
底层	6.03	6.00	6.08	5.76	5.62
中下层	6.30	6.32	6.37	6.04	6.00
中层	6.22	6.23	6.25	6.10	6.07

主观社会阶层	家人团圆	家庭温馨	相亲相爱的家人	亲密爱人	爱情甜蜜
中上层	6.47	6.44	6.48	6.38	6.33
上层	6.51	6.53	6.56	6.46	6.48
平均值	6.27	6.28	6.31	6.11	6.07
需要类型主效应	$F = 105.19, p < 0.001$				
主观社会阶层主效应	$F = 51.45, p < 0.001$				
交互作用	$F = 16.69, p < 0.001$				

2. 不同主观社会阶层被访者在美好生活体验家庭关系维度的分数

在控制年龄、受教育程度和月收入的影响之后，结果显示（见表17），受访者的主观社会阶层越高，对家庭关系维度的评价就越高。底层和中下层被访者与中上层和上层被访者的得分差距较大，前者得分明显低于后者。

表17　不同主观社会阶层被访者在美好生活体验—家庭关系维度的分数

单位：分

主观社会阶层	平均值	标准差	F 值	不控制人口学变量的 F 值	协变量 F 值
底层	4.37	1.35	$F = 149.35$ $p < 0.001$	$F = 194.09$ $p < 0.001$	年龄: $F = 4.70^{*}$ 受教育程度: $F = 144.60^{***}$ 月收入: $F = 2.00$
中下层	4.85	1.13			
中层	5.02	1.09			
中上层	5.70	1.03			
上层	5.71	1.27			

注：$***$ 表示 $p < 0.001$，$*$ 表示 $p < 0.05$。

课题组采用重复测量方差分析的方法，分别以五个具体的条目为被试内变量分析差异，同时，将主观社会阶层作为被试间变量纳入，结果见表18。具体来看，受访者对"相亲相爱的家人"和"家庭温馨"的评价较高；而对于"亲密爱人"和"爱情甜蜜"，在现实生活中的实现程度则相对弱些。

表18 不同主观社会阶层被访者在美好生活体验—家庭关系维度
的重复测量方差分析结果

单位：分

主观社会阶层	家人团圆	家庭温馨	相亲相爱的家人	亲密爱人	爱情甜蜜
底层	4.46	4.67	5.04	3.96	3.71
中下层	4.92	5.18	5.42	4.46	4.29
中层	5.05	5.18	5.29	4.82	4.75
中上层	5.67	5.79	5.88	5.61	5.57
上层	5.85	5.75	5.78	5.62	5.53
平均值	5.09	5.26	5.41	4.82	4.72
需要类型 主效应	$F=47.49, p<0.001$				
主观社会 阶层主效应	$F=588.69, p<0.001$				
交互作用	$F=8.473, p<0.001$				

四 研究发现及建议

第一，对美好生活需要和美好生活体验进行分析发现，调查对象对于国家社会和家庭关系维度更为重视，而在现实生活中，人们对这两个维度实现的程度也要强于个人物质维度。人口学变量分析显示，随着人们受教育程度和收入水平的提高，美好生活需要越强烈，美好生活体验也越好。

第二，对不同主观社会阶层被访者在美好生活需要国家社会维度进行全面分析，主观社会阶层越高，越重视国家社会维度。在美好生活需要的几个条目中，国家富强和安全的生活环境相对更受重视，在美好生活体验的几个条目中，国家富强的分值最高，司法公正和世界和平的分值相对较低。

第三，整体上，主观社会阶层越高，越重视个人物质维度。在美好生活需要的几个条目中，调查对象更重视收入而不是旅游享乐；但在美好生活体验的几个条目中，却是旅游享乐的分值最高，收入的分值最低。

第四，整体上，主观社会阶层越高，越重视家庭关系维度。在美好生活需要的几个条目中，"相亲相爱的家人"最受重视，"亲密爱人"和"爱情甜蜜"分数相对较低。在美好生活体验的几个条目中，受访者对"相亲相爱的家人"的评价也是最高的。

参考文献

高文珺、杨宜音、赵志裕、王俊秀等：《几种重要需求的满足状况：基于网络调查数据的社会心态分析》，《民主与科学》2013年第4期。

高文珺：《社会心态与社会问题应对策略分析——基于 CASS - Kdnet 社会心态调查的结果》，载于王俊秀主编《中国社会心态研究报告（2016）》，社会科学文献出版社，2016。

习近平：《决胜全面建成小康社会 夺取新时代中国特色社会主义伟大胜利——在中国共产党第十九次全国代表大会上的报告》，新华网，2017年10月27日，http://www.xinhuanet.com//2017-10/27/c_1121867529.htm。

杨沈龙、郭永玉等：《低阶层者的系统合理化水平更高吗？——基于社会认知视角的考察》，《心理学报》2016年第11期。

张海东、杨城晨：《住房与城市居民的阶层认同——基于北京、上海、广州的研究》，《社会学研究》2017年第5期。

Curtis, Andersen, "How Social Class Shapes Attitudes on Economic Inequality：The Competing Forces of Self - Interest and Legitimation", *LIS Working Paper*, 2015.

评 价 篇

Evaluation Reports

B.5
民众生活质量状况及其影响因素研究[*]

豆雪姣　谭旭运[**]

摘　要：　生活质量是一个内涵丰富、多层面的复合概念，其评价体系
涉及健康、心理、经济、社会和环境等诸多方面。本报告通
过考察和对比民众在生理、心理、社会关系和环境四个维度
的生活质量得分，了解中国民众当前的生活质量状况；同时
进一步考察性别、年龄、户口等人口学变量以及客观社会地
位、主观社会阶层对生活质量的影响。结果显示：民众在生
理维度和社会关系维度的得分最高，在环境维度的得分最

*　本文是国家社会科学基金青年项目（项目编号17CSH040）、中国社会科学院青年科研启动项目（2020YQNQD0098）的阶段性成果。
**　豆雪姣，山东农业大学动物科技学院心理学硕士，研究方向为社会阶层与决策，社会参与。谭旭运，心理学博士，中国社会科学院社会心理与行为实验室助理研究员，中国社会科学院社会学研究所社会心理学研究中心助理研究员，研究方向为社会心态、主观社会阶层与流动感知、获得感、社会参与。

低；女性仅在生理维度的得分显著高于男性，其他维度无显
著性差异；民众在生理维度和社会关系维度存在显著的年龄
差异；较重的养育子女和赡养老人压力会降低对生活质量的
评价；随着客观社会地位的提高，民众在生活质量评价的各
维度上均呈上升的趋势。

关键词： 生活质量 客观社会地位 阶层预期

一 引言

近年来，民众生活质量状况越来越引起各级政府的重视。党的十九大
报告对回应和解决新时代中国社会主要矛盾做出了重大制度安排，其中一
个显著特点，就是更加注重保障和提升人民生活质量。生活质量是反映社
会发展的核心指标，是反映社会成员为满足其生存和发展需要而进行的全
部活动的各种特征的概括和总结，是反映人类生活发展的一个综合性概
念，是对社会发展包括人类自身发展进程的一种标识，同时正日渐成为教
育、医疗以及社会服务的衡量尺度与目标。民众生活质量及其影响因素一
直是社会学、心理学、经济学、人口学、政治学等多学科领域密切关注的
全球性热点话题。

生活质量概念最早出现在美国经济学家加尔布雷思所著的《富裕社会》
一书中。随后，生活质量的相关研究视角不断拓展，研究层面不断增多，其
内涵也在不断发展、变化。到目前为止，学界对生活质量还没有形成一个公
认的概念。从分析层次上看，既有宏观层面，也有微观层面的分析；既有客
观指标，也有对幸福感、生活满意度等主观变量的关注。有研究者把生活质
量看作客观生活条件的综合反映，既包括微观层面的物质和精神生活条件，
也包括社会保障、社会公平等宏观层面的指标。也有研究者沿袭加尔布雷思
的观点，认为生活质量是由人们对生活各个层面的认知、情感等主观因素构

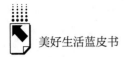

成的，侧重反映人们的主观感受与满意度。近年来，学界更倾向于将宏观、微观和主观、客观等层面的分析结合起来界定生活质量，这也是目前多数学者比较认可的观点，并将生活质量理解为：建立在一定的物质条件基础之上，社会提高国民生活的充分程度和国民生活需要的满足程度，以及社会全体成员对自身及其生存环境的感受和评价。

关于生活质量评价的指标体系，研究者给出了诸多不同的看法，总体来看，可以包含健康、心理、经济、社会和环境等多个维度的评价指标。国际上流行的客观生活质量评价指标体系主要有物质生活质量指标和 ASHA 指数，分别用来对贫困和发展中国家的居民生活质量进行测量。中国学者对生活质量及其指标体系等有关问题的研究，始于 20 世纪 70 年代，并从 80 年代中后期开始进行大规模的实证研究。王凯、周长城构建了生活质量的六大指标体系，分别是物质保障、教育、居住与生活条件、健康、社会保障、环境；林晓珊认为生活质量综合评价的客观指标体系包括六个层面的内容：经济生活、社会保障、教育文化、生命健康、生活环境和交通通信等方面。近年来，研究者则越来越重视幸福感、生活满意度等方面。以周长城为代表，从自我实现的角度，构建了包括个人能力评价、工作环境评价、公共政策评价、人际关系评价、医疗环境评价等生活质量主观满意度的指标框架。

另外，医学和心理学研究者更侧重以促进个体身心健康和健康社会建设为目的来解读人们的生活质量状况。特别是近年来，随着中国人口老龄化进程的加快，研究者密切关注老年人的生活质量以促进健康老龄化的形成。孙计领、白先春、凌亢和吴学东基于 CHARLS 2015 年的数据，从主观、客观两大维度，构建了生活质量评价指标体系，测量了中老年残疾人和健全人的生活质量水平。世界卫生组织认为，与健康相关的生活质量应包含生理健康、心理状态、独立能力、社会关系、个人信仰和与周围环境的关系六个维度，并编制了 WHOQOL - 100 问卷和 WHOQOL - BREF 简版问卷。与前者相比，后者更加简短、方便和准确，不仅具有跨国家和跨文化的可比性，而且在心理测量学上具有良好的信效度。因此，本研究基于简版问卷对民众的生活质量现状及其影响因素进行了调查和分析。建设和谐社会、提高居民的生活质量是摆在各级政府面前的一个重要任务。对生活质量进行详细的研究，对于居民和政府部门的决策都具有十分重要的意义。

二 研究方法

（一）数据来源

本研究通过智媒云图研发的问卷调研 App "问卷宝"，向在线样本库的全国用户（共约 110 万人，覆盖全国 346 座地级城市）推送问卷。问卷回收后，课题组通过测谎题、答题完成情况等对问卷进行筛选后共得到有效问卷 9130 份。

（二）调查工具

1. 世界卫生组织生存质量测定量表简表

课题组采用世界卫生组织编制的 WHOQOL – BREF 简版问卷测量民众对自身生活质量的主观评价。量表共分为四个维度，其中，生理维度（Physical Health，PHYS）包括 7 个测量题目，Cronbach's α 系数为 0.69；心理维度（Psychological Health，PSYCH）包括 6 个测量题目，Cronbach's α 系数为 0.79；社会关系维度（Social Relationships，SOCIL）包括 3 个测量题目，Cronbach's α 系数为 0.69；环境维度（Environment，ENVIR）包括 8 个测量题目，Cronbach's α 系数为 0.85。所有题目均采用李克特 5 点计分，其中疼痛与不适、药物依赖性、消极情绪 3 个题目需要反向计分，求出每个维度的平均值，得分越高，代表民众对该维度的生活质量评价越高。该量表的内部一致性良好（Cronbach's α = 0.93）。

2. 客观社会地位的测量

结合社会学中对社会地位指标研究的成果，客观社会地位的测量包括传统指标和最新指标两部分。传统指标包括受教育程度和月收入。受教育程度包括小学毕业及以下、初中毕业、高中（技校、职高、中专）毕业、大专（含在

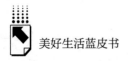

读）、大学本科（含在读）、研究生（含在读）及以上；月收入包括1000元及以下、1001～3000元、3001～5000元、5001～7000元、7001～10000元、10001～15000元、15001～30000元、30001～50000元、50000元以上。①

最新指标主要指住房情况。具体包括租房或公租房、单位/学校宿舍、借住父母或他人家、自有住房。将自有住房视为"有住房"，编码为1；其余选项均视为"无住房"，编码为0。

3. 主观社会阶层的测量

主观社会阶层的测量主要采用国内外研究中常用的阶梯量表。首先给调查对象呈现一个十级的阶梯图片，并自下而上标记1～10，然后告诉他们"在我们的社会里，有些人处在社会的上层，有些人处在社会的下层，梯子从上往下看，10代表最顶层，1代表最底层"。随后要求调查对象回答自己对过去、现在和未来的社会阶层的主观感知，具体包含3个题目："您认为您自己目前在哪个等级上""您认为您五年前在哪个等级上""您认为五年后您将会在哪个等级"。要求被访者选择其中一个数字，表示自己所在的等级，所选数字越大，表明他们感知到自己的社会地位越高。

（三）数据处理

使用统计分析软件SPSS 20.0对数据进行描述性统计分析、相关分析和差异性分析。

三 研究结果

（一）四个维度中生活质量的总体情况

课题组采用重复测量方差进行分析，对四个维度中生活质量的总体状况进行统计分析。结果发现，不同维度的生活质量存在显著性差异（F =

---

① 在本章节的调查中，出于统计考虑，月收入为30000元以上的受访者再细分为30001～50000元、50000元以上。

128.940, $p < 0.001$）。由图 1 可知，民众在生理维度（$M = 3.52$，$SD = 0.58$）和社会关系维度（$M = 3.52$，$SD = 0.73$）的生活质量得分最高，紧随其后的是心理维度（$M = 3.50$，$SD = 0.65$），而在环境维度（$M = 3.42$，$SD = 0.66$）的生活质量得分最低。

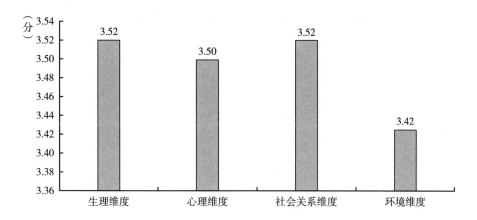

图 1　民众在不同维度的生活质量得分

相关分析结果显示（见表 1），民众对各维度的生活质量的评价均存在显著正相关关系（$p < 0.001$）。

表 1　各维度生活质量的相关分析

项目	生理维度	心理维度	社会关系维度	环境维度
生理维度	1			
心理维度	0.696 ***	1		
社会关系维度	0.617 ***	0.692 ***	1	
环境维度	0.634 ***	0.753 ***	0.700 ***	1

注：*** 表示 $p < 0.001$。

（二）不同人口学变量中生活质量的总体情况

1. 不同性别民众的生活质量情况

从表 2 可以看出，不同性别的民众仅在生理维度存在显著的性别差异

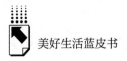

（$t = -4.373$，$p < 0.001$），且女性的平均值显著高于男性；而男性和女性在心理维度、社会关系维度和环境维度均没有显著性差异。

表2　不同性别民众的生活质量情况

单位：人，分

项目	性别	人数	平均值	标准差	t 值
生理维度	男	6243	3.50	0.57	-4.373***
	女	2887	3.56	0.59	
心理维度	男	6243	3.50	0.63	0.894
	女	2887	3.49	0.69	
社会关系维度	男	6243	3.52	0.73	-0.542
	女	2887	3.53	0.73	
环境维度	男	6243	3.43	0.65	1.659
	女	2887	3.41	0.69	

注：*** $p < 0.001$。

2. 不同年龄民众的生活质量情况

从表3可以看出，不同年龄的民众在生理维度（$F = 12.165$，$p < 0.001$）和社会关系维度（$F = 2.284$，$p < 0.05$）存在显著的差异，"90后"群体在生理维度的平均值最高，"60后"群体在社会关系维度的平均值最高。而不同年龄的民众在心理维度和环境维度均没有显著性差异（$p > 0.05$）。

表3　不同年龄民众的生活质量情况

单位：人，分

项目	年龄	人数	平均值	标准差	F 值
生理维度	"00后"	919	3.52	0.62	12.165***
	"90后"	3445	3.57	0.59	
	"80后"	3598	3.47	0.55	
	"70后"	705	3.53	0.60	
	"60后"	268	3.54	0.54	
	"59前"	194	3.43	0.57	

项目	年龄	人数	平均值	标准差	F 值
心理维度	"00 后"	919	3.47	0.72	0.873
	"90 后"	3445	3.50	0.68	
	"80 后"	3598	3.50	0.59	
	"70 后"	705	3.47	0.68	
	"60 后"	268	3.55	0.64	
	"59 前"	194	3.51	0.60	
社会关系维度	"00 后"	919	3.47	0.84	2.284*
	"90 后"	3445	3.52	0.77	
	"80 后"	3598	3.54	0.67	
	"70 后"	705	3.47	0.75	
	"60 后"	268	3.58	0.65	
	"59 前"	194	3.54	0.70	
环境维度	"00 后"	919	3.41	0.73	1.882
	"90 后"	3445	3.44	0.69	
	"80 后"	3598	3.42	0.61	
	"70 后"	705	3.37	0.70	
	"60 后"	268	3.45	0.66	
	"59 前"	194	3.48	0.60	

注：* 表示 $p < 0.05$，*** 表示 $p < 0.001$。下同。

3. 拥有不同户口民众的生活质量情况

从表 4 可以看出，拥有不同户口的民众在各个维度均存在显著性差异（$p < 0.001$），并且拥有本地城市户口的民众在四个维度的平均值均是最高的，而拥有外地城市户口的民众在生理维度和心理维度的平均值最低，拥有外地农村户口的民众在社会关系维度和环境维度平均值是最低的。

表 4　拥有不同户口民众的生活质量情况

单位：人，分

项目	户口	人数	平均值	标准差	F 值
生理维度	本地城市户口	3450	3.65	0.58	176.949***
	本地农村户口	2925	3.50	0.59	
	外地城市户口	1642	3.27	0.43	
	外地农村户口	1113	3.51	0.59	

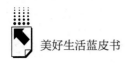

续表

项目	户口	人数	平均值	标准差	F值
心理维度	本地城市户口	3450	3.61	0.68	63.758 ***
	本地农村户口	2925	3.46	0.67	
	外地城市户口	1642	3.38	0.45	
	外地农村户口	1113	3.41	0.69	
社会关系维度	本地城市户口	3450	3.65	0.74	75.976 ***
	本地农村户口	2925	3.49	0.78	
	外地城市户口	1642	3.40	0.54	
	外地农村户口	1113	3.35	0.78	
环境维度	本地城市户口	3450	3.54	0.70	74.332 ***
	本地农村户口	2925	3.39	0.68	
	外地城市户口	1642	3.35	0.45	
	外地农村户口	1113	3.24	0.70	

4. 不同养育子女情况的民众的生活质量情况

从表5可以看出，不同养育子女情况的民众在各个维度均存在显著性差异（$p < 0.001$）。除"其他"类型之外，处于"怀孕中"的民众在四个维度的平均值均是最高的；"无子女"的民众在社会关系维度的平均值最低；而"有三个或以上子女"的民众在生理维度的平均值是最低的。

表5 不同养育子女情况的民众的生活质量情况

单位：人，分

项目	养育子女情况	人数	平均值	标准差	F值
生理维度	无子女	4281	3.54	0.60	9.925 ***
	怀孕中	166	3.57	0.57	
	独生子女	3456	3.47	0.54	
	有两个子女	1075	3.57	0.61	
	有三个或以上子女	116	3.40	0.59	
	其他	36	3.42	0.46	

项目	养育子女情况	人数	平均值	标准差	F 值
心理维度	无子女	4281	3.47	0.69	6.049 ***
	怀孕中	166	3.63	0.60	
	独生子女	3456	3.51	0.57	
	有两个子女	1075	3.56	0.68	
	有三个或以上子女	116	3.39	0.69	
	其他	36	3.37	0.60	
社会关系维度	无子女	4281	3.47	0.80	12.039 ***
	怀孕中	166	3.70	0.70	
	独生子女	3456	3.54	0.64	
	有两个子女	1075	3.63	0.73	
	有三个或以上子女	116	3.54	0.81	
	其他	36	3.48	0.63	
环境维度	无子女	4281	3.40	0.69	6.038 ***
	怀孕中	166	3.62	0.67	
	独生子女	3456	3.44	0.59	
	有两个子女	1075	3.45	0.72	
	有三个或以上子女	116	3.32	0.73	
	其他	36	3.22	0.59	

5. 不同赡养老人情况的民众的生活质量情况

从表6可以看出，不同赡养老人情况的民众在生理维度、心理维度和环境维度均存在显著性差异（$p < 0.05$），而在社会关系维度的差异并不显著（$p > 0.05$）。除"其他"类型之外，需要赡养五个或以上老人的民众，其在心理维度和环境维度的平均值最低。

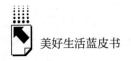

表6 不同赡养老人情况的民众的生活质量情况

单位：人，分

项目	赡养老人情况	人数	平均值	标准差	F 值
生理维度	没有老人需要赡养	2089	3.54	0.59	6.744 ***
	有一个老人需要赡养	941	3.52	0.58	
	有两个老人需要赡养	4225	3.48	0.57	
	有三个老人需要赡养	661	3.54	0.56	
	有四个老人需要赡养	1056	3.60	0.58	
	有五个或以上老人需要赡养	129	3.49	0.61	
	其他	29	3.57	0.53	
心理维度	没有老人需要赡养	2089	3.49	0.68	2.141 *
	有一个老人需要赡养	941	3.49	0.68	
	有两个老人需要赡养	4225	3.51	0.61	
	有三个老人需要赡养	661	3.47	0.64	
	有四个老人需要赡养	1056	3.52	0.67	
	有五个或以上老人需要赡养	129	3.34	0.76	
	其他	29	3.47	0.67	
社会关系维度	没有老人需要赡养	2089	3.50	0.76	0.444
	有一个老人需要赡养	941	3.52	0.76	
	有两个老人需要赡养	4225	3.53	0.70	

项目	赡养老人情况	人数	平均值	标准差	F 值
社会关系维度	有三个老人需要赡养	661	3.51	0.74	0.444
	有四个老人需要赡养	1056	3.53	0.78	
	有五个或以上老人需要赡养	129	3.48	0.81	
	其他	29	3.45	0.76	
环境维度	没有老人需要赡养	2089	3.43	0.68	3.094**
	有一个老人需要赡养	941	3.42	0.69	
	有两个老人需要赡养	4225	3.45	0.63	
	有三个老人需要赡养	661	3.39	0.66	
	有四个老人需要赡养	1056	3.39	0.70	
	有五个或以上老人需要赡养	129	3.26	0.79	
	其他	29	3.35	0.67	

注：* 表示 $p < 0.05$，** 表示 $p < 0.01$，*** 表示 $p < 0.001$。

（三）不同客观社会地位的民众的生活质量情况

1. 不同受教育程度的民众的生活质量情况

从表 7 可以看出，不同受教育程度的民众在各个维度均存在显著性差异（$p < 0.001$）。小学毕业及以下学历的民众在四个维度的平均值均最低；而大学本科（含在读）和研究生（含在读）及以上学历的民众在四个维度的平均值都是相对较高的。

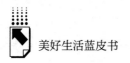
表7 不同受教育程度的民众的生活质量情况

单位：人，分

项目	受教育程度	人数	平均值	标准差	F 值
生理维度	小学毕业及以下	107	3.38	0.68	65.829 ***
	初中毕业	491	3.46	0.61	
	高中(技校、职高、中专)毕业	2941	3.38	0.54	
	大专(含在读)	2026	3.53	0.57	
	大学本科(含在读)	3166	3.63	0.58	
	研究生(含在读)及以上	399	3.66	0.56	
心理维度	小学毕业及以下	107	3.30	0.72	25.509 ***
	初中毕业	491	3.41	0.74	
	高中(技校、职高、中专)毕业	2941	3.43	0.58	
	大专(含在读)	2026	3.46	0.65	
	大学本科(含在读)	3166	3.59	0.67	
	研究生(含在读)及以上	399	3.60	0.64	
社会关系维度	小学毕业及以下	107	3.40	0.92	20.352 ***
	初中毕业	491	3.43	0.87	
	高中(技校、职高、中专)毕业	2941	3.45	0.68	
	大专(含在读)	2026	3.48	0.74	
	大学本科(含在读)	3166	3.62	0.74	
	研究生(含在读)及以上	399	3.59	0.73	
环境维度	小学毕业及以下	107	3.20	0.80	21.241 ***
	初中毕业	491	3.30	0.75	
	高中(技校、职高、中专)毕业	2941	3.38	0.59	
	大专(含在读)	2026	3.38	0.67	
	大学本科(含在读)	3166	3.51	0.68	
	研究生(含在读)及以上	399	3.49	0.68	

2. 不同月收入的民众的生活质量情况

从表 8 中可以看出，不同月收入的民众在各个维度均存在显著性差异（$p < 0.001$）。月收入在 1000 元及以下和 1001 ~ 3000 元的民众在四个维度的平均值都是相对最低的。

表 8 不同月收入的民众的生活质量情况

单位：人，分

项目	月收入	人数	平均值	标准差	F 值
生理维度	1000 元及以下	1261	3.45	0.61	27.684***
	1001 ~ 3000 元	1085	3.45	0.58	
	3001 ~ 5000 元	2555	3.46	0.56	
	5001 ~ 7000 元	2369	3.51	0.56	
	7001 ~ 10000 元	1045	3.67	0.56	
	10001 ~ 15000 元	542	3.69	0.59	
	15001 ~ 30000 元	179	3.76	0.59	
	30001 ~ 50000 元	48	3.73	0.51	
	50000 元以上	46	3.61	0.72	
心理维度	1000 元及以下	1261	3.36	0.70	39.777***
	1001 ~ 3000 元	1085	3.35	0.69	
	3001 ~ 5000 元	2555	3.45	0.61	
	5001 ~ 7000 元	2369	3.54	0.59	
	7001 ~ 10000 元	1045	3.66	0.65	
	10001 ~ 15000 元	542	3.72	0.63	
	15001 ~ 30000 元	179	3.76	0.67	
	30001 ~ 50000 元	48	3.72	0.54	
	50000 元以上	46	3.69	0.85	
社会关系维度	1000 元及以下	1261	3.32	0.80	41.494***
	1001 ~ 3000 元	1085	3.36	0.78	
	3001 ~ 5000 元	2555	3.49	0.69	
	5001 ~ 7000 元	2369	3.57	0.69	
	7001 ~ 10000 元	1045	3.68	0.70	
	10001 ~ 15000 元	542	3.74	0.70	
	15001 ~ 30000 元	179	3.86	0.72	
	30001 ~ 50000 元	48	3.92	0.55	
	50000 元以上	46	3.86	1.00	

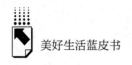

续表

项目	月收入	人数	平均值	标准差	F 值
环境维度	1000 元及以下	1261	3.30	0.68	44.945***
	1001~3000 元	1085	3.25	0.70	
	3001~5000 元	2555	3.36	0.63	
	5001~7000 元	2369	3.48	0.62	
	7001~10000 元	1045	3.58	0.64	
	10001~15000 元	542	3.64	0.65	
	15001~30000 元	179	3.73	0.73	
	30001~50000 元	48	3.76	0.40	
	50000 元以上	46	3.78	0.95	

3. 不同住房情况的民众的生活质量情况

从表 9 可以看出，"有住房"的民众在各个维度的平均值均显著高于"无住房"的民众（$p < 0.001$）。

表 9　不同住房情况的民众的生活质量情况

单位：人，分

项目	住房情况	人数	平均值	标准差	t 值
生理维度	有住房	3876	3.65	0.59	19.104***
	无住房	5254	3.42	0.55	
心理维度	有住房	3876	3.63	0.66	16.719***
	无住房	5254	3.40	0.62	
社会关系维度	有住房	3876	3.68	0.73	18.555***
	无住房	5254	3.40	0.71	
环境维度	有住房	3876	3.55	0.69	15.992***
	无住房	5254	3.33	0.63	

（四）不同主观社会阶层的生活质量情况

课题组采用单因素方差分析的方法，对不同主观社会阶层的生活质量情

况进行统计分析，结果发现（见表10），过去、现在和将来处于不同主观社
会阶层的民众在各维度的平均值均存在显著性差异（$p < 0.001$）。

表10　不同主观社会阶层的生活质量情况的方差分析结果（F 值）

主观社会阶层	生理维度	心理维度	社会关系维度	环境维度
过去主观社会阶层	38.925 ***	48.471 ***	54.371 ***	77.588 ***
现在主观社会阶层	103.024 ***	190.378 ***	187.768 ***	268.994 ***
将来主观社会阶层	162.343 ***	202.710 ***	178.348 ***	214.909 ***

　　如图 2 ~ 4 所示，可以比较清晰地看出，就整体而言，民众在生理、
心理、社会关系以及环境四个维度的生活质量评价随着过去、现在和将
来不同主观社会阶层的提高均呈现上升的趋势。值得注意的是，在过去
和现在不同主观社会阶层为 6 的等级上，民众对生活质量的评价出现一
个明显的回落现象，而这一现象在将来不同主观社会阶层上表现并不
明显。

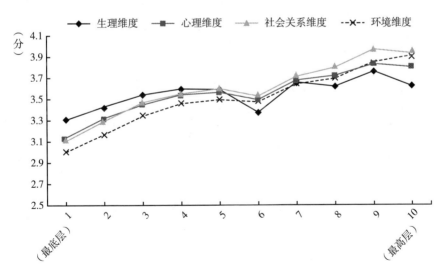

图2　过去不同主观社会阶层在生活质量评价的各维度得分

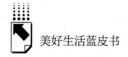

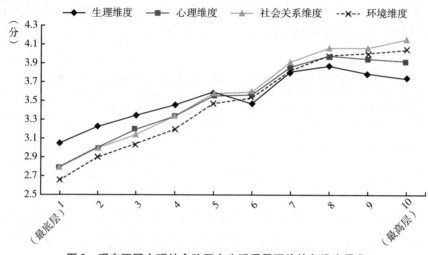

图3　现在不同主观社会阶层在生活质量评价的各维度得分

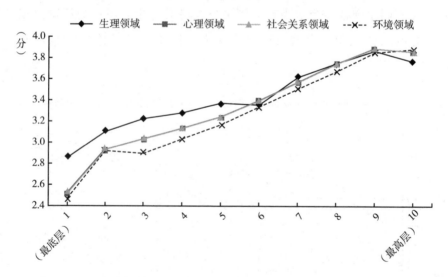

图4　将来不同主观社会阶层在生活质量评价的各维度得分

四　分析与讨论

社会发展的最终目标是改善和提高全体人民的生活质量，这也是社会进步的标志，而衡量生活质量的发展水平必须与特定时期的社会文化相适应。在当今社会大变迁的时代背景下，人们的思维方式、价值观念、审美意识和生活方式都在发生变化。因此，探究这一特殊时期民众的生活质量现状及其影响因素具有重要的现实意义。

（一）民众生活质量的总体评价

本次调查研究发现，生活质量的四大维度之间彼此显著相关，而且民众对四个维度的评价存在显著性差异，这在一定程度上说明生活质量是一个多维度的概念，有必要将其划分为不同的维度来进行研究。此外，研究表明，民众对生理维度和社会关系维度的评价最高，而对环境维度的评价最低，对心理维度的评价则居中。随着人们生活水平的提高以及对品质生活认知的改变，人们越来越注重对自己身体健康的优质管理，一股全民健身热潮已经在各行各业、各个年龄段流行开来，进而使得民众对生理维度的评价相对较高。人们对社会关系维度的评价也相对较高，社会关系与中国人的生活息息相关，因此，社会关系的维系以及社会关系网络的发展在中国人的生活中具有非常重要的意义。然而，需要注意的是，在中国经济快速发展的同时，许多社会问题也越发凸显，例如社会保障体系的破坏，人民群众安全感的缺失，交通道路的拥挤，生态环境的恶化，等等。2019 年 7 月 1 日，随着《上海市生活垃圾管理条例》的正式实施，全国各地也陆续进入垃圾分类的"强制时代"，这无疑给人们敲响了环境保护的警钟。"保护环境，人人有责"不仅仅是口号，更应该落到实处，大到国家政府，小到每一位公民，只有齐心协力，才能真正拥有碧海蓝天，才能实现生态环境的可持续发展。

（二）影响民众生活质量的人口学因素

本研究分析了性别、年龄、户口以及养育子女和赡养老人等因素对民众生活质量的影响。不同性别的民众仅在生理维度存在显著的性别差异，且女性得分高于男性，这可能与女性社会地位的提高以及女性对自身生理健康关注度的提升有关，而在其他维度并没有出现显著的性别差异，这也说明男女性别间的差异正在逐渐减小。不同年龄的民众在生理维度存在显著的差异，"90后"群体的得分相对较高，这可能与他们自身较好的机体功能有关；此外，不同年龄的民众在社会关系维度的差异性也较显著，"60后"群体的得分相对较高，与他们积累了较多的人生经验，家庭和事业也都处于相对稳定的状态有关。

从户口来看，拥有本地城市户口的民众在四个维度的得分均是最高的，而拥有外地户口（包括外地城市户口和外地农村户口）的民众在四个维度的平均值相对较低。近年来，高水平的社会流动促进了中国经济的快速发展，但同时也带来许多消极影响，例如，外来人员的融入问题、新身份的认同问题等。因此，关注外来人员的生活质量以及他们的主观感受是建设和谐社会的重要一环。此外，与城市居民相比，农村民众在社会关系维度和环境维度得分较低。一般认为在城市中，人们之间的社会交往可能存在着更多问题，诸如"冷漠""隔阂""自私"等不良的心态常常被人们视为"城市病"的重要表现。而本研究中，在社会关系维度和环境维度，农村民众得分低于城市民众，这在很大程度上可能与当今农村人口的流动对传统社会关系和生活模式的冲击有关。在市场经济条件下，农村青壮年劳动者长期或季节性地向城镇流动，对家乡环境和人际体验造成一定的负面影响。从某种程度上说，经济转轨和社会转型对农村社会的冲击要大于城市社会。因此，农村居民的生活质量对于整个社会的稳定与发展具有不可忽略的影响，应当引起高度的关注。

养育子女情况和赡养老人情况影响民众对生活质量的评价。本研究发现，在社会关系维度，不同养育子女情况的民众存在显著性差异，"无子女"的民众在该维度得分最低，而不同赡养老人情况的民众却不存在显著性差异。这在一定程度上说明，子女的出现有利于提升人们对自身社会关系的感知水平，并促使自身建立更加良好的人际圈；在生理维度、心理维度和环境维度，养育较多的子女（三个或以上）和赡养较多的老人（五个或以上）会给民众带来更大的精神压力和心理负担，进而影响自身对生活质量的评价。

（三）客观社会地位和主观社会阶层对民众生活质量的影响

从客观社会地位来看，不同受教育程度、不同月收入以及不同住房情况的民众在生活质量的四个维度均存在显著性差异。在受教育程度方面，小学毕业及以下学历的民众在四个维度的平均值均是最低的，而大学本科（含在读）和研究生（含在读）及以上学历的民众在四个维度的平均值都是相对较高的；在月收入方面，月收入在 3000 元及以下的民众在四个维度的平均值都是相对最低的。由此可见，较低的受教育程度和月收入水平均降低了民众对生活质量的评价。换句话说，客观社会地位越高，人们对自身生活质量的主观感受也就越乐观。实际上，较高的社会地位意味着人们具有较多的资源和较强的能力。因此，人们能够更好地促进生理维度、心理维度、社会关系维度以及环境维度的健康和良性发展。此外，"有住房"的民众在各个维度的平均值均显著高于"无住房"的民众。住有所居是提升民众生活质量的基本条件，要实现人民群众住有所居，必须处理好政府提供住房保障公共服务和住房市场化的关系，健全符合国情的住房保障和供应体系，准确把握住房的居住属性，让每个人的"安居梦"都得以实现，让全体民众真正住有所居。

从主观社会阶层来看，过去、现在和将来处于不同主观社会阶层的民众在四个维度均存在显著性差异。整体上，无论在哪个时期，主观社会阶层越高，民众对生活质量的评价也就越高。但需要注意的是，在过去和现在主观社会阶层为 6 的等级上，民众对生活质量的评价出现一个明显的回落现象，其与近年引起人们热议的中产焦虑现象一致。从另一个角度也说明，民众对未来五年后的阶层预期能够更好地促进人们对生活质量的主观感受。

参考文献

李友梅：《不断提高人民生活质量和水平》，《光明日报》2018 年 6 月 25 日，第 13 版。

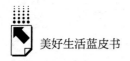
陈义平：《两种生活质量评估方法的比较分析》，《广东社会科学》1993年第3期。

崔丹、王培刚：《"生活质量"及其相关概念辨析》，《学习与实践》2010年第5期。

方积乾、郝元涛、李彩霞：《世界卫生组织生活质量量表中文版的信度与效度》，《中国心理卫生杂志》1999年第4期。

〔美〕约翰·肯尼思·加尔布雷思：《富裕社会》，赵勇等译，江苏人民出版社，2009。

林晓珊：《浙江城市居民生活质量的区域差异：一项基于客观指标的聚类分析》，《西北人口》2010年第3期。

王凯、周长城：《生活质量研究的新发展：主观指标的构建与运用》，《国外社会科学》2004年第4期。

周长城、吴淑凤：《建立人民生活质量指标体系的理论依据》，《武汉大学学报》（社会科学版）2001年第3期。

陈义平：《关于生活质量评估的再思考》，《社会科学研究》1999年第1期。

邢占军：《城乡居民主观生活质量比较研究初探》，《社会》2006年第1期。

孙计领、白先春、凌亢、吴学东：《中老年残疾人生活质量评价研究——基于CHARLS的实证分析》，《西北人口》2019年第3期。

B.6
美好生活需要对心理健康的影响[*]

刘晓柳　王俊秀[**]

摘　要： 从心理健康社会学的视角来说，社会结构会影响个体的心理健康。当前，不平衡不充分的发展所带来的社会结构问题则可能通过个体美好生活需要的差异影响心理健康。本研究将探究美好生活需要对个体心理健康的影响，通过问卷调查的方式，评测个体对各项美好生活需要的重要性评价以及心理健康状态，使用分层多元回归分析来探究人口学变量和美好生活需要对心理健康的影响。研究同时发现，在不同性别、不同年龄、不同受教育年数的群体中，美好生活需要对心理健康的影响略有差异。

关键词： 美好生活需要　心理健康　调节效应

一　引言

党的十九大报告明确指出不平衡不充分的发展带来一些社会问题，这些

*　本文受到中国博士后科学基金会第65批中国博士后科学基金面上资助，资助编号为2019M650951。

**　刘晓柳，中国社会科学院社会学研究所博士后、助理研究员，研究方向为心理健康、幸福感、社会心态。王俊秀，中国社会科学院社会学研究所社会心理学研究室主任、社会心理学研究中心主任，研究员、博士生导师，内蒙古师范大学教授，国家社会科学基金重大项目"社会心理建设：社会治理的心理学路径"首席专家，研究方向为社会心态、风险社会。

问题需要通过社会治理来解决。因此，十九大报告提出"加强社会心理服务体系建设，培育自尊自信、理性平和、积极向上的社会心态"，把社会心理服务体系建设作为社会治理的重要内容。而民众的心理健康问题，和社会心态的培育息息相关。原国家卫生和计划生育委员会疾病预防控制局为了贯彻落实《"健康中国 2030"规划纲要》及《全国精神卫生工作规划（2015～2020 年）》，在 2016 年 12 月联合 22 个部门发布了《关于加强心理健康服务的指导意见》，安排部署了心理健康服务的工作细节和工作目标；2018 年 11 月，由国家卫生健康委员会和中央政法委员会牵头印发了《全国社会心理服务体系建设试点工作方案》，着重将民众心理健康服务融合到社会心理服务的体系内，也充分表明了党和国家对民众心理健康的重视。

针对心理健康的研究中，国内学者主要集中在特定标准划分下不同人群的心理健康，如：特定年龄群体的心理健康，包括青少年群体、成年早期群体、老年人群体等；特定职业人群的心理健康，如教师、军人、医务人员等；社会关注的特定人群的心理健康，如留守儿童、农民工、空巢老人等。这些研究除了描述现状以外，还探究了相应的影响机制以及论述如何更好地开展心理健康教育，等等。除了这些个体层面的研究之外，只有非常少数的研究和论述涉及了社会层面。梁樱在《社会学研究》上发表了题为《心理健康的社会学视角——心理健康社会学综述》的文章，首次将心理健康社会学（Sociology of Mental Health）的概念引入国内学术界。心理健康社会学试图从社会结构的角度理解心理健康的问题，有学者认为，社会分层导致了社会资源、地位和权力的分层，而这最终反映在了社会个体的主观心理层面，造成了个体在心理健康问题上也出现相应的分层。除了个体本身具有的社会属性以外，个体对社会的态度即社会心态也会影响个体的心理健康，如个体拥有理性平和的社会心态则更倾向相信社会未来的发展会更好，那么即使在当下遇到一些压力，也会努力克服当前的压力，而不会产生过分消极的情绪进而影响心理健康。

在以往心理健康的研究中，课题组已经发现，当人们的基本心理需要得到满足时，个体的心理会更健康，也更容易与他人建立更好的关系，同时也会体验到更多的积极情绪。基本心理需要的满足还与自杀、抑郁和问题行为等存在着负相关。而当基本心理需要的满足受到阻碍时，个体就会集中在自己的需要上，而不会去关注周围的环境，这样就可能会导致个体去遵循外在的规则，进而使个体的行为变得不协调，变得缺乏动机，甚至会做出反社会的行为。

本研究将通过问卷调查的方式，分别调查个体对各项美好生活需要的评价以及以消极情绪状态为指标的心理健康状态，以考察美好生活需要对心理健康的影响。

二 研究方法

（一）研究过程

本研究的数据来自两次全国范围的线上调查，分别为美好生活需要调查和心理健康调查。美好生活需要调查的时间为2019年1月9日~2月28日，心理健康调查的时间为2018年7月18日~2019年3月5日。由于两次调查使用的平台相同，调查时间重合，所以有部分个体同时完成了两次调查。

（二）样本选取

本次调查是通过智媒云图研发的问卷调研App"问卷宝"，向在线样本库的全国用户（共约110万人，覆盖全国346座地级城市）推送问卷，再通过用户分享问卷的方式进行滚雪球式发放。问卷收回后，课题组依据陷阱题、答题完成情况等对问卷进行筛选，并使用平台提供的ID筛选出同时完成美好生活需要调查和心理健康调查的个体，作为本次研究的样本人群。有效完成美好生活需要调查的样本量为9130份，有效完成心理健康调查的样本量为7484份，同时有效完成两次调查的样本量为4276份。其中，男性为2973人（69.5%），女性为1303人（30.5%）；年龄

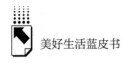

范围是 19～70 岁，平均年龄为 30.2 ± 7.4 岁。具体的样本分布情况见表 1。

表 1 样本分布情况描述

单位：人，%

变量	类别	人数	占比
性别	男性	2973	69.5
	女性	1303	30.5
年龄	"59 前"	44	1.0
	"60 后"	97	2.3
	"70 后"	303	7.1
	"80 后"	2198	51.4
	"90 后"	1634	38.2
受教育程度	小学毕业及以下	32	0.7
	初中毕业	149	3.5
	高中（技校、职高、中专）毕业	632	14.8
	大专（含在读）	1737	40.6
	大学本科（含在读）	1511	35.3
	研究生（含在读）及以上	215	5.0

（三）测量工具

1. 美好生活需要

本研究采用了课题组编制的"美好生活需要量表"，该量表采用 18 个题目来测量个体对美好生活需要中国家社会、家庭关系和个人物质三个维度的评价，测量采用李克特 11 点计分，要求被试根据自己理想中的美好生活评定每个条目的"重要程度"（1 分＝"非常不重要"，11 分＝"非常重要"）。样题包括"世界和平""家人团圆""有钱花"。总量表（18 个条目）内部一致性信度为 0.970，国家社会维度（8 个条目）内部一致性信度为 0.960，家庭关系维度（5 个条目）内部一致性信度为 0.898，个人物质维度（5个条目）内部一致性信度为0.920。

2. 心理健康

心理健康部分的测量采用的是 Henry 和 Crawford 编制的简版"抑郁、焦虑、压力量表"，用于评估个体抑郁、焦虑、压力三种消极心理健康状态的心理及生理表征。该量表共有三个分量表，分别测评三种消极心理健康状态，每个分量表有7个条目，总共21个条目。该量表采用李克特4点计分，要求被试根据过去一周的情况选择相应的数字选项（0~3分）以表示其适用程度或发生的频率，0分表示"完全不适用于我/从未发生"，1分表示"在一定程度或有些时候适用于我/有时发生"，2分表示"在很大程度或很多时候适用于我/经常发生"，3分表示"完全或大多数时间适用于我/几乎总在发生"。样题包括："我几乎没有什么积极的体验或感受"（抑郁分量表）、"我会感到口干舌燥"（焦虑分量表）、"我觉得很难让自己放松平静下来"（压力分量表）。在本研究中总量表（21个条目）的内部一致性信度为0.963，抑郁分量表（7个条目）的内部一致性信度为0.917，焦虑分量表（7个条目）的内部一致性信度为0.893，压力分量表（7个条目）的内部一致性信度为0.893。

3. 人口学变量

本研究中还调查了个体的性别、年龄和受教育程度三个人口学变量。为了进一步在回归分析中使用这些人口学变量，本研究做了相应的数据处理。使用调查年份2018减去个体报告的出生年份作为个体的年龄。通过年数估算，将受教育程度转化为受教育年数，小学毕业及以下为6年、初中毕业为9年、高中（技校、职高、中专）毕业为12年、大专（含在读）为14年、大学本科（含在读）为16年、研究生（含在读）及以上为19年。

（四）统计分析

本研究采用 SPSS 21.0 统计分析软件对数据进行分析，主要分析方法包括：描述性统计、相关分析、回归分析等。

三 研究结果

（一）美好生活需要和心理健康的整体情况

本次调查的美好生活需要中国家社会、家庭关系和个人物质三个维度的平均值、最小值、最大值如表2所示。

表2 美好生活需要得分概况

单位：份，分

项目	国家社会	家庭关系	个人物质
样本量	4276	4276	4276
平均值	9.49	9.50	9.10
最小值	1.00	1.40	1.00
最大值	11.00	11.00	11.00

"美好生活需要量表"的得分区间为1~11分，其中6分为中间值。从表2可以看出，平均值方面，个体对美好生活三个维度的评价均较高，都大于9分，其中，国家社会维度和家庭关系维度的平均值高于个人物质维度的平均值。

本次调查中心理健康部分抑郁、焦虑、压力三种消极情绪状态的平均值、最小值、最大值如表3所示。

表3 心理健康得分概况

单位：份，分

项目	抑郁	焦虑	压力
样本量	4276	4276	4276
平均值	2.22	2.19	2.30
最小值	1.00	1.00	1.00
最大值	4.00	4.00	4.00

"心理健康量表"的得分区间为 1~4 分,其中 2.5 分为中间值。从表 3 可以看出,整体来讲,个体对消极情绪状态的评价较低,平均值都小于 2.5 分,说明整体的心理健康状态还是良好的。

下面使用 Pearson 相关分析考察美好生活需要中国家社会、家庭关系、个人物质三个维度和抑郁、焦虑、压力三种消极情绪状态的关系,如表 4 所示。

表 4　美好生活需要与心理健康的相关分析

项目	国家社会	家庭关系	个人物质	抑郁	焦虑	压力
国家社会	1	—	—	—	—	—
家庭关系	0.841 **	1	—	—	—	—
个人物质	0.788 **	0.771 **	1	—	—	—
抑郁	−0.353 **	−0.366 **	−0.203 **	1	—	—
焦虑	−0.340 **	−0.346 **	−0.184 **	0.874 **	1	—
压力	−0.343 **	−0.339 **	−0.197 **	0.877 **	0.889 **	1

注: * 表示 $p < 0.05$, ** 表示 $p < 0.01$, *** 表示 $p < 0.001$。下同。

从表 4 可以看出,美好生活需要的三个维度和三种消极的情绪状态之间都是显著的负相关。其中,抑郁、焦虑、压力和国家社会维度、家庭关系维度呈现中等相关,与个人物质维度呈现弱相关。相关分析的结果说明,个体对美好生活需要的国家社会、家庭关系和个人物质维度的评价越高,个体对抑郁、焦虑和压力的消极情绪状态的评价越低。

(二)美好生活需要对心理健康的整体影响

为了考察美好生活需要对心理健康的影响,本研究将使用分层回归分析,在第一层自变量中加入性别、年龄、受教育年数,在第二层自变量中加入美好生活需要的国家社会、家庭关系和个人物质三个维度,以抑郁、焦虑和压力分别作为因变量,以此考察控制人口学变量之后美好生活需要对心理健康的影响。因变量为抑郁的回归分析结果如表 5 所示。

表 5   美好生活需要对抑郁的回归分析

模型	变量	非标准化系数		标准化系数	t	Sig.
		B	标准误	Beta		
1	（Constant）	3.78	0.10	—	39.03	0.00
	性别	−0.39	0.02	−0.25	−17.02	0.00
	年龄	−0.01	0.00	−0.05	−3.21	0.00
	受教育年数	−0.06	0.01	−0.18	−12.12	0.00
2	（Constant）	5.48	0.11	—	48.26	0.00
	性别	−0.31	0.02	−0.19	−14.34	0.00
	年龄	−0.01	0.00	−0.07	−5.23	0.00
	受教育年数	−0.06	0.01	−0.17	−12.62	0.00
	国家社会	−0.15	0.02	−0.28	−10.39	0.00
	家庭关系	−0.18	0.01	−0.32	−12.15	0.00
	个人物质	0.15	0.01	0.28	12.31	0.00

从表 5 可以看出，第一层单独加入人口学变量时，性别、年龄、受教育年数对抑郁的影响达到显著水平。其中，性别、年龄、受教育年数均为负向影响，表明：女性的抑郁程度低于男性；年龄越大、抑郁程度越低；受教育年数越多、抑郁程度越低。以标准化系数 Beta 来比较，性别对抑郁的影响最大，受教育年数次之，年龄对抑郁的影响最小。第一层模型可以解释因变量总变异的 9.9%（$R^2 = 0.099$），模型可以显著解释因变量（$F = 158.45$，$p < 0.001$）。在第二层加入美好生活需要的三个维度后，人口学变量性别、年龄、受教育年数对抑郁的影响达到显著性水平，美好生活需要中国家社会、家庭关系和个人物质维度对抑郁的影响达到显著性水平。其中，人口学变量的影响均为负向，表明：女性的抑郁程度低于男性；年龄越大、抑郁程度越低；受教育年数越多、抑郁程度越低。而三种美好生活需要中国家社会维度和家庭关系维度的影响为负向、个人物质维度的影响为正向，表明：个体对国家社会维度的评价越高、体验的抑郁程度越低；个体对家庭关系维度的评价越高、体验的抑郁程度越低；个体对个人物质维度的评价越高、体验的抑郁程度越高。第二层模型整体可以解释因变量总变异的 24.2%（$R^2 = 0.242$），模型可以显著

解释因变量（$F = 228.52$，$p < 0.001$）。加入美好生活需要的三个变量后，解释因变量的变异增加了 14.3%（$\Delta R^2 = 0.143$），并且这个变异的增加量达到了显著性水平（$Fchange = 268.79$，$p < 0.001$）。

在第一层自变量中加入性别、年龄、受教育年数，在第二层自变量中加入美好生活需要的国家社会、家庭关系和个人物质三个维度，以焦虑为因变量的回归分析结果如表 6 所示。

表 6　美好生活需要对焦虑的回归分析

模型	变量	非标准化系数		标准化系数	t	$Sig.$
		B	标准误	$Beta$		
1	（Constant）	3.48	0.09	—	39.66	0.00
	性别	-0.32	0.02	-0.23	-15.42	0.00
	年龄	-0.01	0.00	-0.07	-4.38	0.00
	受教育年数	-0.05	0.01	-0.16	-10.27	0.00
2	（Constant）	4.95	0.10	—	47.80	0.00
	性别	-0.25	0.02	-0.17	-12.67	0.00
	年龄	-0.01	0.00	-0.09	-6.49	0.00
	受教育年数	-0.05	0.00	-0.15	-10.61	0.00
	国家社会	-0.15	0.01	-0.31	-11.24	0.00
	家庭关系	-0.15	0.01	-0.29	-11.06	0.00
	个人物质	0.14	0.01	0.30	12.97	0.00

从表 6 可以看出，第一层单独加入人口学变量时，性别、年龄、受教育年数对焦虑的影响达到显著性水平。其中，性别、年龄、受教育年数均为负向影响，表明：女性的焦虑程度低于男性；年龄越大、其焦虑程度越低；受教育年数越多、焦虑程度越低。以标准化系数 Beta 来比较，性别对焦虑的影响最大，受教育年数次之，年龄对焦虑的影响最小。第一层模型可以解释因变量总变异的 8.1%（$R^2 = 0.081$），模型可以显著解释因变量（$F = 127.27$，$p < 0.001$）。在第二层加入美好生活需要的三个维度后，人口学变量性别、年龄、受教育年数对焦虑的影响达到显著性水平，美好生活需要中国家社会、家庭关系和个人物质三个维度对焦虑的影响达到

显著性水平。其中，人口学变量的影响均为负向，表明：女性的焦虑程度低于男性；年龄越大、焦虑程度越低；受教育年数越多、焦虑程度越低。而三种美好生活需要中国家社会维度和家庭关系维度的影响为负向、个人物质维度的影响为正向，表明：个体对国家社会维度的评价越高、体验的焦虑程度越低；个体对家庭关系维度的评价越高、体验的焦虑程度越低；个体对个人物质维度的评价越高、体验的焦虑程度越高。第二层模型整体可以解释因变量总变异的21.9%（$R^2 = 0.219$），模型可以显著解释因变量（$F = 200.80$，$p < 0.001$）。加入美好生活需要的三个变量后，解释因变量的变异增加了13.8%（$\Delta R^2 = 0.138$），并且这个变异的增加量达到了显著性水平（$Fchange = 251.91$，$p < 0.001$）。

在第一层自变量中加入性别、年龄、受教育年数，在第二层自变量中加入美好生活需要的国家社会、家庭关系和个人物质三个维度，以压力为因变量的回归分析结果如表7所示。

表7　美好生活需要对压力的回归分析

模型	变量	非标准化系数		标准化系数	t	Sig.
		B	标准误	Beta		
1	（Constant）	3.50	0.09	—	40.23	0.00
	性别	-0.34	0.02	-0.24	-16.33	0.00
	年龄	0.00	0.00	-0.04	-2.47	0.01
	受教育年数	-0.05	0.01	-0.15	-9.84	0.00
2	（Constant）	4.94	0.10	—	47.87	0.00
	性别	-0.27	0.02	-0.19	-13.66	0.00
	年龄	-0.01	0.00	-0.06	-4.37	0.00
	受教育年数	-0.04	0.00	-0.14	-10.12	0.00
	国家社会	-0.15	0.01	-0.31	-11.29	0.00
	家庭关系	-0.12	0.01	-0.25	-9.24	0.00
	个人物质	0.12	0.01	0.26	10.97	0.00

从表7可以看出，第一层单独加入人口学变量时，性别、受教育年数对压力的影响达到显著性水平。其中，性别、受教育年数均为负向影响，

表明：女性的压力小于男性；受教育年数越多、压力越小。以标准化系数 *Beta* 来比较，性别对压力的影响最大，受教育年数次之，年龄的影响最小。第一层模型可以解释因变量总变异的 8.4%（$R^2 = 0.084$），模型可以显著解释因变量（$F = 131.18$，$p < 0.001$）。在第二层加入美好生活需要的三个维度后，人口学变量性别、年龄、受教育年数对压力的影响达到显著性水平，美好生活需要中国家社会、家庭关系和个人物质维度对压力的影响达到显著性水平。其中，人口学变量的影响均为负向，表明：女性的压力小于男性；年龄越大、压力越小；受教育年数越多、压力越小。而三种美好生活需要中国家社会维度和家庭关系维度的影响为负向、个人物质维度的影响为正向，表明：个体对国家社会维度的评价越高、体验的压力越小；个体对家庭关系维度的评价越高、体验的压力越小；个体对个人物质维度的评价越高、体验的压力越大。第二层模型整体可以解释因变量总变异的 21.0%（$R^2 = 0.210$），模型可以显著解释因变量（$F = 190.00$，$p < 0.001$）。加入美好生活需要的三个因变量后，解释因变量的变异增加了 12.6%（$\Delta R^2 = 0.126$），并且这个变异的增加量达到了显著性水平（$Fchange = 227.91$，$p < 0.001$）。

（三）不同群体中美好生活需要对心理健康的影响

为了检验不同人口学变量对美好生活需要影响心理健康的调节效应，本研究根据方杰等人的方法使用分层多元回归分析进行检验。为了减少共线性的影响，首先将所有自变量及调节变量进行中心化，然后将自变量和调节变量的乘积作为交互项，最后将自变量、调节变量和交互项分层加入回归方程，通过对 R^2 改变量的检验判断调节效应。

1. 不同性别群体中美好生活需要对心理健康的影响

为了考察不同性别群体中美好生活需要对心理健康的影响，下面将使用回归分析进行性别的调节效应检验。由于性别为二分变量，首先将性别转化为哑变量（1 = 男性，0 = 女性），在第一层中加入性别和美好生活需要的国家社会、家庭关系和个人物质三个维度，在第二层中加入性别和美好生活需

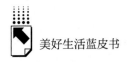

要的国家社会、家庭关系和个人物质三个维度的乘积项，以抑郁作为因变量，以此考察性别对美好生活需要影响抑郁的调节作用，回归分析结果如表8所示。

表8　性别对美好生活需要影响抑郁的调节效应检验

模型	变量	非标准化系数		标准化系数	t	Sig.
		B	标准误	Beta		
1	（Constant）	1.99	0.02	—	110.81	0.00
	性别	0.33	0.02	0.21	15.32	0.00
	国家社会	-0.15	0.02	-0.27	-9.74	0.00
	家庭关系	-0.18	0.02	-0.33	-12.45	0.00
	个人物质	0.15	0.01	0.28	12.03	0.00
2	（Constant）	1.97	0.02	—	108.93	0.00
	性别	0.35	0.02	0.22	16.19	0.00
	国家社会	-0.09	0.02	-0.16	-3.70	0.00
	家庭关系	-0.10	0.02	-0.17	-4.07	0.00
	个人物质	0.07	0.02	0.13	3.35	0.00
	性别 × 国家社会维度	-0.09	0.03	-0.13	-2.90	0.00
	性别 × 家庭关系维度	-0.13	0.03	-0.18	-4.16	0.00
	性别 × 个人物质维度	0.11	0.03	0.17	4.39	0.00

从表8可以看出，第一层单独加入的性别和美好生活需要的国家社会、家庭关系、个人物质三个维度对抑郁的影响均达到显著性水平。其中，国家社会维度和家庭关系维度为负向影响，性别和个人物质维度为正向影响，表明：男性的抑郁程度高于女性；个体对国家社会维度的评价越高、抑郁程度越低；个体对家庭关系维度的评价越高、抑郁程度越低；个体对个人物质维度的评价越高、抑郁程度越高。以标准化系数 Beta 来比较，家庭关系维度对抑郁的影响最大，国家社会维度和个人物质维度次之，性别的影响最小。第一层模型可以解释因变量总变异的21.3%（$R^2 = 0.213$），模型可以显著解释因变量（$F = 290.36$，$p < 0.001$）。在第二层加入性别和美好生活需要

三个维度的交互项之后，性别、三个维度对抑郁的影响仍达到显著性水平。其中，国家社会维度和家庭关系维度为负向影响，性别和个人物质维度为正向影响，表明：男性的抑郁程度高于女性；个体对国家社会维度的评价越高、抑郁程度越低；个体对家庭关系维度的评价越高、抑郁程度越低；个体对个人物质维度的评价越高、抑郁程度越高。相比第一层，第二层中国家社会、家庭关系和个人物质三个维度的影响效应均有减少，但性别的影响效应基本不变。而性别×国家社会维度、性别×家庭关系维度、性别×个人物质维度这三个交互项的影响也达到显著性水平。其中，性别×国家社会维度和性别×家庭关系维度的影响为负向，性别×个人物质维度的影响为正向，表明：男性的抑郁程度受到国家社会维度评分的影响小于女性；男性的抑郁程度受到家庭关系维度评分的影响小于女性；男性的抑郁程度受到个人物质维度评分的影响大于女性。第二层模型整体可以解释因变量总变异的22.5%（$R^2=0.225$），模型可以显著解释因变量（$F=178.03$，$p<0.001$）。加入性别×国家社会维度、性别×家庭关系维度、性别×个人物质维度这三个交互项之后，解释因变量的变异增加了1.2%（$\Delta R^2=0.012$），并且这个变异的增加量达到了显著性水平（$F change=22.42$，$p<0.001$）。

在第一层中加入性别和美好生活需要的国家社会、家庭关系和个人物质三个维度，在第二层中加入性别和美好生活需要的国家社会、家庭关系和个人物质三个维度的乘积项，以焦虑作为因变量，以此考察性别对美好生活需要影响焦虑的调节作用，回归分析结果如表9所示。

表9　性别对美好生活需要影响焦虑的调节效应检验

模型	变量	非标准化系数		标准化系数	t	Sig.
		B	标准误	Beta		
1	(Constant)	2.01	0.02	—	122.86	0.00
	性别	0.27	0.02	0.19	13.72	0.00
	国家社会	-0.14	0.01	-0.29	-10.54	0.00
	家庭关系	-0.15	0.01	-0.31	-11.37	0.00
	个人物质	0.14	0.01	0.30	12.65	0.00

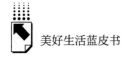

续表

模型	变量	非标准化系数		标准化系数	t	Sig.
		B	标准误	Beta		
2	(Constant)	1.99	0.02	—	120.88	0.00
	性别	0.29	0.02	0.20	14.53	0.00
	国家社会	-0.10	0.02	-0.20	-4.44	0.00
	家庭关系	-0.08	0.02	-0.16	-3.61	0.00
	个人物质	0.08	0.02	0.17	4.19	0.00
	性别×国家社会维度	-0.07	0.03	-0.12	-2.63	0.01
	性别×家庭关系维度	-0.11	0.03	-0.17	-3.90	0.00
	性别×个人物质维度	0.09	0.02	0.15	3.81	0.00

从表9可以看出，第一层单独加入的性别、美好生活需要的国家社会、家庭关系、个人物质三个维度对焦虑的影响均达到显著性水平。其中，国家社会维度和家庭关系维度为负向影响，性别和个人物质维度为正向影响，表明：男性的焦虑程度高于女性；个体对国家社会维度的评价越高、焦虑程度越低；个体对家庭关系维度的评价越高、焦虑程度越低；个体对个人物质维度的评价越高、焦虑程度越高。以标准化系数 Beta 来比较，国家社会、家庭关系和个人物质三个维度对焦虑的影响较大，性别对焦虑的影响较小。第一层模型可以解释因变量总变异的 19.6%（$R^2 = 0.196$），模型可以显著解释因变量（$F = 260.78$，$p < 0.001$）。在第二层加入性别和美好生活需要三个维度的交互项之后，性别、三个维度对焦虑的影响仍达到显著性水平。其中，国家社会维度和家庭关系维度为负向影响，性别和个人物质维度为正向影响，表明：男性的焦虑程度高于女性；个体对国家社会维度的评价越高、焦虑程度越低；个体对家庭关系维度的评价越高、焦虑程度越低；个体对个人物质维度的评价越高、焦虑程度越高。相比第一层，第二层中国家社会、家庭关系和个人物质三个维度的影响效应均有减少，但性别的影响效应基本不变。而性别×国家社会维度、性别×家庭关系维度、性别×个人物质维度这三个交互项的影响也达到显著性水平。

其中，性别×国家社会维度和性别×家庭关系维度的影响为负向，性别×个人物质维度的影响为正向，表明：男性的焦虑程度受到国家社会维度评分的影响小于女性；男性的焦虑程度受到家庭关系维度评分的影响小于女性；男性的焦虑程度受到个人物质维度评分的影响大于女性。第二层模型整体可以解释因变量总变异的 20.7%（$R^2 = 0.207$），模型可以显著解释因变量（$F = 159.61$，$p < 0.001$）。加入性别×国家社会维度、性别×家庭关系维度、性别×个人物质维度这三个交互项之后，解释因变量的变异增加了 1.1%（$\Delta R^2 = 0.011$），并且这个变异的增加量达到了显著性水平（$F_{change} = 20.07$，$p < 0.001$）。

在第一层中加入性别和美好生活需要的国家社会、家庭关系和个人物质三个维度，在第二层中加入性别和美好生活需要的国家社会、家庭关系和个人物质三个维度的乘积项，以压力作为因变量，以此考察性别对美好生活需要影响压力的调节作用，回归分析结果如表 10 所示。

表 10　性别对美好生活需要影响压力的调节效应检验

模型	变量	非标准化系数		标准化系数	t	$Sig.$
		B	标准误	$Beta$		
1	（Constant）	2.10	0.02	—	129.52	0.00
	性别	0.28	0.02	0.20	14.53	0.00
	国家社会	-0.15	0.01	-0.30	-10.79	0.00
	家庭关系	-0.13	0.01	-0.26	-9.54	0.00
	个人物质	0.12	0.01	0.26	10.79	0.00
2	（Constant）	2.08	0.02	—	127.55	0.00
	性别	0.30	0.02	0.21	15.42	0.00
	国家社会	-0.09	0.02	-0.19	-4.32	0.00
	家庭关系	-0.05	0.02	-0.10	-2.25	0.02
	个人物质	0.05	0.02	0.11	2.73	0.01
	性别×国家社会维度	-0.08	0.03	-0.13	-2.97	0.00
	性别×家庭关系维度	-0.11	0.03	-0.18	-4.15	0.00
	性别×个人物质维度	0.10	0.02	0.16	4.24	0.00

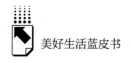

从表 10 可以看出，第一层单独加入的性别、美好生活需要的国家社会、家庭关系、个人物质三个维度对压力的影响均达到显著性水平。其中，国家社会维度和家庭关系维度为负向影响，性别和个人物质维度为正向影响，表明：男性的压力大于女性；个体对国家社会维度的评价越高，压力越小；个体对家庭关系维度的评价越高，压力越小；个体对个人物质维度的评价越高，压力越大。以标准化系数 Beta 来比较，国家社会维度对压力的影响最大，家庭关系维度和个人物质维度的影响次之，性别的影响最小。第一层模型可以解释因变量总变异的 19.1%（$R^2 = 0.191$），模型可以显著解释因变量（$F = 252.05$，$p < 0.001$）。在第二层加入性别和美好生活需要三个维度的交互项之后，性别、三个维度对压力的影响仍达到显著性水平。其中，国家社会维度和家庭关系维度为负向影响，性别和个人物质维度为正向影响，表明：男性的压力大于女性；个体对国家社会维度的评价越高，压力越小；个体对家庭关系维度的评价越高，压力越小；个体对个人物质维度的评价越高，压力越大。相比第一层，第二层中国家社会、家庭关系和个人物质三个维度的影响效应均有减少，但性别的影响效应基本不变。而性别×国家社会维度、性别×家庭关系维度、性别×个人物质维度这三个交互项的影响也达到显著性水平。其中，性别×国家社会维度和性别＊家庭关系维度的影响为负向，性别×个人物质维度的影响为正向，表明：男性的压力受到国家社会维度评分的影响小于女性；男性的压力受到家庭关系维度评分的影响小于女性；男性的压力受到个人物质维度评分的影响大于女性。第二层模型整体可以解释因变量总变异的 20.4%（$R^2 = 0.204$），模型可以显著解释因变量（$F = 156.37$，$p < 0.001$）。加入性别×国家社会维度、性别×家庭关系维度、性别×个人物质维度三个交互项之后，解释因变量的变异增加了 1.3%（$\Delta R^2 = 0.013$），并且这个变异的增加量达到了显著性水平（$Fchange = 23.47$，$p < 0.001$）。

2. 不同年龄群体中美好生活需要对心理健康的影响

为了考察不同年龄群体中美好生活需要对心理健康的影响，下面将使用回归分析进行年龄的调节效应检验，在第一层中加入年龄和美好生活需要的国家社会、家庭关系和个人物质三个维度，在第二层中加入年龄和美好生活需要的国家社会、家庭关系和个人物质三个维度的乘积项，以抑郁作为因变量，以此考察年龄对美好生活需要影响抑郁的调节作用，回归分析结果如表11所示。

表 11 年龄对美好生活需要影响抑郁的调节效应检验

模型	变量	非标准化系数		标准化系数	t	Sig.
		B	标准误	Beta		
1	（Constant）	2.22	0.01	—	219.89	0.00
	年龄	−0.01	0.00	−0.05	−3.64	0.00
	国家社会	−0.16	0.02	−0.30	−10.64	0.00
	家庭关系	−0.19	0.02	−0.35	−12.70	0.00
	个人物质	0.16	0.01	0.30	12.51	0.00
2	（Constant）	2.22	0.01	—	219.48	0.00
	年龄	−0.01	0.00	−0.05	−3.50	0.00
	国家社会	−0.17	0.02	−0.31	−10.93	0.00
	家庭关系	−0.19	0.02	−0.34	−12.59	0.00
	个人物质	0.16	0.01	0.31	12.80	0.00
	年龄 × 国家社会维度	0.00	0.00	−0.03	−1.10	0.27
	年龄 × 家庭关系维度	0.00	0.00	−0.03	−1.05	0.29
	年龄 × 个人物质维度	0.01	0.00	0.09	3.40	0.00

从表11可以看出，第一层单独加入的年龄、美好生活需要的国家社会、家庭关系、个人物质三个维度对抑郁的影响均达到显著性水平。其中，年龄、国家社会维度和家庭关系维度为负向影响，个人物质维度为正向影响，表明：年龄越大，抑郁程度越低；个体对国家社会维度的评价越高，抑郁程度越低；个体对家庭关系维度的评价越高，抑郁程度越低；个体对个人物质维度的评价越高，抑郁程度越高。以标准化系数 Beta 来比较，家庭关系维度对抑郁的影响最大，国家社会维度和年龄的影响次之，个人物质维度的影

响最小。第一层模型可以解释因变量总变异的 17.3% （$R^2 = 0.173$），模型可以显著解释因变量（$F = 223.61$，$p < 0.001$）。在第二层加入年龄和美好生活需要三个维度的交互项之后，年龄、三个维度对抑郁的影响仍达到显著性水平。其中，年龄、国家社会维度和家庭关系维度为负向影响，个人物质维度为正向影响，表明：年龄越大，抑郁程度越低；个体对国家社会维度的评价越高，抑郁程度越低；个体对家庭关系维度的评价越高，抑郁程度越低；个体对个人物质维度的评价越高，抑郁程度越高。相比第一层，第二层中国家社会、家庭关系和个人物质三个维度的影响效应基本不变，年龄的影响效应也基本不变。而年龄×国家社会维度、年龄×家庭关系维度、年龄×个人物质维度三个交互项中，只有年龄×个人物质维度的影响达到显著性水平，并且为正向，表明：年龄越大的个体，其抑郁程度受到个人物质维度评分的影响越大。第二层模型整体可以解释因变量总变异的 17.6% （$R^2 = 0.176$），模型可以显著解释因变量（$F = 129.82$，$p < 0.001$）。加入年龄×国家社会维度、年龄×家庭关系维度、年龄×个人物质维度三个交互项之后，解释因变量的变异增加了 0.3% （$\Delta R^2 = 0.003$），并且这个变异的增加量达到了显著性水平（$Fchange = 4.11$，$p < 0.01$）。

在第一层中加入年龄和美好生活需要的国家社会、家庭关系和个人物质三个维度，在第二层中加入年龄和美好生活需要的国家社会、家庭关系和个人物质三个维度的乘积项，以焦虑作为因变量，以此考察年龄对美好生活需要影响焦虑的调节作用，回归分析结果如表 12 所示。

表 12　年龄对美好生活需要影响焦虑的调节效应检验

模型	变量	非标准化系数		标准化系数	t	Sig.
		B	标准误	Beta		
1	（Constant）	2.20	0.01	—	240.58	0.00
	年龄	−0.01	0.00	−0.07	−5.23	0.00
	国家社会	−0.16	0.01	−0.33	−11.50	0.00
	家庭关系	−0.16	0.01	−0.32	−11.64	0.00
	个人物质	0.15	0.01	0.32	13.20	0.00

模型	变量	非标准化系数		标准化系数	t	Sig.
		B	标准误	Beta		
2	（Constant）	2.19	0.01	—	240.21	0.00
	年龄	−0.01	0.00	−0.07	−5.03	0.00
	国家社会	−0.17	0.01	−0.34	−11.81	0.00
	家庭关系	−0.16	0.01	−0.32	−11.54	0.00
	个人物质	0.15	0.01	0.33	13.52	0.00
	年龄 × 国家社会维度	0.00	0.00	−0.03	−1.13	0.26
	年龄 × 家庭关系维度	0.00	0.00	−0.04	−1.45	0.15
	年龄 × 个人物质维度	0.01	0.00	0.10	3.84	0.00

从表12可以看出，第一层单独加入的年龄以及美好生活需要的国家社会、家庭关系、个人物质三个维度对焦虑的影响均达到显著性水平。其中，年龄、国家社会维度和家庭关系维度为负向影响，个人物质维度为正向影响，表明：年龄越大，焦虑程度越低；个体对国家社会维度的评价越高，焦虑程度越低；个体对家庭关系维度的评价越高，焦虑程度越低；个体对个人物质维度的评价越高，焦虑程度越高。第一层模型可以解释因变量总变异的16.6%（$R^2 = 0.166$），模型可以显著解释因变量（$F = 212.89$，$p < 0.001$）。在第二层加入年龄和三个维度的交互项之后，年龄、三个维度对焦虑的影响仍达到显著性水平。其中，年龄、国家社会维度和家庭关系维度为负向影响，个人物质维度为正向影响，表明：年龄越大，焦虑程度越低；个体对国家社会维度的评价越高，焦虑程度越低；个体对家庭关系维度的评价越高，焦虑程度越低；个体对个人物质维度的评价越高，焦虑程度越高。相比第一层，第二层中国家社会、家庭关系和个人物质三个维度的影响效应基本不变，年龄的影响效应也基本不变。而年龄×国家社会维度、年龄×家庭关系维度、年龄×个人物质维度三个交互项中，只有年龄×个人物质维度的影响达到显著性水平，并且为正向，表明：年龄越大的个体，其焦虑程度受到个

人物质维度评分的影响越大。第二层模型整体可以解释因变量总变异的 16.9%（$R^2 = 0.169$），模型可以显著解释因变量（$F = 124.17$，$p < 0.001$）。加入年龄×国家社会维度、年龄×家庭关系维度、年龄×个人物质维度三个交互项之后，解释因变量的变异增加了 0.3%（$\Delta R^2 = 0.003$），并且这个变异的增加量达到了显著性水平（$Fchange = 5.06$，$p < 0.01$）。

在第一层中加入年龄和美好生活需要的国家社会、家庭关系和个人物质三个维度，在第二层中加入年龄和美好生活需要的国家社会、家庭关系和个人物质三个维度的乘积项，以压力作为因变量，以此考察年龄对美好生活需要影响压力的调节作用，回归分析结果如表 13 所示。

表 13　年龄对美好生活需要影响压力的调节效应检验

模型	变量	非标准化系数		标准化系数	t	Sig.
		B	标准误	Beta		
1	（Constant）	2.30	0.01	—	252.59	0.00
	年龄	−0.01	0.00	−0.05	−3.30	0.00
	国家社会	−0.16	0.01	−0.33	−11.61	0.00
	家庭关系	−0.13	0.01	−0.27	−9.87	0.00
	个人物质	0.13	0.01	0.27	11.28	0.00
2	（Constant）	2.30	0.01	—	252.17	0.00
	年龄	−0.01	0.00	−0.04	−3.08	0.00
	国家社会	−0.17	0.01	−0.34	−11.90	0.00
	家庭关系	−0.13	0.01	−0.27	−9.78	0.00
	个人物质	0.13	0.01	0.28	11.61	0.00
	年龄×国家社会维度	0.00	0.00	−0.03	−1.17	0.24
	年龄×家庭关系维度	0.00	0.00	−0.05	−1.51	0.13
	年龄×个人物质维度	0.01	0.00	0.10	3.81	0.00

从表 13 可以看出，第一层单独加入的年龄以及美好生活需要的国家社会、家庭关系、个人物质三个维度对压力的影响均达到显著性水平。其中，

年龄、国家社会维度和家庭关系维度为负向影响，个人物质维度为正向影响，表明：年龄越大，压力越小；个体对国家社会维度的评价越高，压力越小；个体对家庭关系维度的评价越高，压力越小；个体对个人物质维度的评价越高，压力越大。第一层模型可以解释因变量总变异的 16.6% （$R^2 = 0.166$），模型可以显著解释因变量（$F = 212.89$，$p < 0.001$）。在第二层加入年龄和三个维度的交互项之后，年龄、三个维度对压力的影响仍达到显著性水平。其中，年龄、国家社会维度和家庭关系维度为负向影响，个人物质维度为正向影响，表明：年龄越大，压力越小；个体对国家社会维度的评价越高，压力越小；个体对家庭关系维度的评价越高，压力越小；个体对个人物质维度的评价越高，压力越大。相比第一层，第二层中国家社会、家庭关系和个人物质三个维度的影响效应基本不变，年龄的影响效应也基本不变。而年龄×国家社会维度、年龄×家庭关系维度、年龄×个人物质维度三个交互项中，只有年龄×个人物质维度的影响达到显著性水平，并且为正向，表明：年龄越大的个体，其压力受到个人物质维度评分的影响越大。第二层模型整体可以解释因变量总变异的 16.9% （$R^2 = 0.169$），模型可以显著解释因变量（$F = 124.17$，$p < 0.001$）。加入年龄×国家社会维度、年龄×家庭关系维度、年龄×个人物质维度三个交互项之后，解释因变量的变异增加了 0.3% （$\Delta R^2 = 0.003$），并且这个变异的增加量达到了显著性水平（$F change = 5.06$，$p < 0.01$）。

3. 不同受教育年数群体中美好生活需要对心理健康的影响

为了考察不同受教育年数群体中美好生活需要对心理健康的影响，下面将使用回归分析进行受教育年数的调节效应检验，在第一层中加入受教育年数和美好生活需要的国家社会、家庭关系和个人物质三个维度，在第二层中加入受教育年数和美好生活需要的国家社会、家庭关系和个人物质三个维度的乘积项，以抑郁作为因变量，以此考察受教育年数对美好生活需要影响抑郁的调节作用，回归分析结果如表 14 所示。

表14 受教育年数对美好生活需要影响抑郁的调节效应检验

模型	变量	非标准化系数		标准化系数	t	Sig.
		B	标准误	Beta		
1	（Constant）	2.22	0.01	—	223.35	0.00
	受教育年数	−0.06	0.01	−0.17	−12.23	0.00
	国家社会	−0.16	0.02	−0.29	−10.62	0.00
	家庭关系	−0.19	0.02	−0.34	−12.53	0.00
	个人物质	0.15	0.01	0.29	12.42	0.00
2	（Constant）	2.22	0.01	—	223.13	0.00
	受教育年数	−0.06	0.01	−0.17	−12.10	0.00
	国家社会	−0.16	0.02	−0.29	−10.53	0.00
	家庭关系	−0.19	0.02	−0.34	−12.50	0.00
	个人物质	0.15	0.01	0.29	12.35	0.00
	受教育年数×国家社会维度	0.01	0.01	0.02	0.81	0.42
	受教育年数×家庭关系维度	0.00	0.01	0.00	0.00	1.00
	受教育年数×个人物质维度	−0.01	0.01	−0.03	−1.47	0.14

从表14可以看出，第一层单独加入的受教育年数、美好生活需要的国家社会、家庭关系、个人物质三个维度对抑郁的影响均达到显著性水平。其中，受教育年数、国家社会维度和家庭关系维度为负向影响，个人物质维度为正向影响，表明：受教育年数越多，抑郁程度越低；个体对国家社会维度的评价越高，抑郁程度越低；个体对家庭关系维度的评价越高，抑郁程度越低；个体对个人物质维度的评价越高，抑郁程度越高。以标准化系数 Beta 来比较，家庭关系维度对抑郁的影响最大，国家社会维度和受教育年数的影响次之，个人物质维度的影响最小。第一层模型可以解释因变量总变异的19.9%（$R^2 = 0.199$），模型可以显著解释因变量（$F = 264.69$，$p < 0.001$）。在第二层加入受教育年数和美好生活需要三个维度的交互项之后，受教育年数、三个维度对抑郁的影响仍达

到显著水平。其中，受教育年数、国家社会维度和家庭关系维度为负向影响，个人物质维度为正向影响，表明：受教育年数越多，抑郁程度越低；个体对国家社会维度的评价越高，抑郁程度越低；个体对家庭关系维度的评价越高，抑郁程度越低；个体对个人物质维度的评价越高，抑郁程度越高。相比第一层，第二层中国家社会、家庭关系和个人物质三个维度的影响效应基本不变，受教育年数的影响效应也基本不变。而受教育年数×国家社会维度、受教育年数×家庭关系维度、受教育年数×个人物质维度三个交互项均不显著，表明三个维度的评分对抑郁的影响不受到受教育年数的调节。第二层模型整体可以解释因变量总变异的19.9%（$R^2 = 0.199$），模型可以显著解释因变量（$F = 151.60$，$p < 0.001$）。加入受教育年数×国家社会维度、受教育年数×家庭关系维度、受教育年数×个人物质维度三个交互项之后，解释因变量的变异没有增加（$\Delta R^2 = 0.000$），该变异的改变量没有达到显著性水平（$Fchange = 0.857$，$p = 0.463$）。

在第一层中加入受教育年数和美好生活需要的国家社会、家庭关系和个人物质三个维度，在第二层中加入受教育年数和美好生活需要的国家社会、家庭关系和个人物质三个维度的乘积项，以焦虑作为因变量，以此考察受教育年数对美好生活需要影响焦虑的调节作用，回归分析结果如表15所示。

表15　受教育年数对美好生活需要影响焦虑的调节效应检验

模型	变量	非标准化系数		标准化系数	t	Sig.
		B	标准误	Beta		
1	（Constant）	2.20	0.01	—	242.54	0.00
	受教育年数	-0.04	0.00	-0.14	-9.89	0.00
	国家社会	-0.16	0.01	-0.32	-11.30	0.00
	家庭关系	-0.16	0.01	-0.31	-11.48	0.00
	个人物质	0.15	0.01	0.31	12.99	0.00

续表

模型	变量	非标准化系数		标准化系数	t	Sig.
		B	标准误	Beta		
2	（Constant）	2.20	0.01	—	242.41	0.00
	受教育年数	-0.04	0.00	-0.14	-9.81	0.00
	国家社会	-0.15	0.01	-0.31	-11.18	0.00
	家庭关系	-0.16	0.01	-0.31	-11.46	0.00
	个人物质	0.15	0.01	0.31	12.90	0.00
	受教育年数×国家社会维度	0.01	0.01	0.04	1.28	0.20
	受教育年数×家庭关系维度	0.00	0.01	0.00	-0.03	0.98
	受教育年数×个人物质维度	-0.01	0.01	-0.05	-2.30	0.02

从表15可以看出，第一层单独加入的受教育年数以及美好生活需要的国家社会、家庭关系、个人物质三个维度对焦虑的影响均达到显著性水平。其中，受教育年数、国家社会维度和家庭关系维度为负向影响，个人物质维度为正向影响，表明：受教育年数越多，焦虑程度越低；个体对国家社会维度的评价越高，焦虑程度越低；个体对家庭关系维度的评价越高，焦虑程度越低；个体对个人物质维度的评价越高，焦虑程度越高。第一层模型可以解释因变量总变异的18.0%（$R^2 = 0.180$），模型可以显著解释因变量（$F = 233.84$，$p < 0.001$）。在第二层加入受教育年数和三个维度的交互项之后，受教育年数、三个维度对焦虑的影响仍达到显著性水平。其中，受教育年数、国家社会维度和家庭关系维度为负向影响，个人物质维度为正向影响，表明：受教育年数越多，焦虑程度越低；个体对国家社会维度的评价越高，焦虑程度越低；个体对家庭关系维度的评价越高，焦虑程度越低；个体对个人物质维度的评价越高，焦虑程度越高。相比第一层，第二层中国家社会、家庭关系和个人物质三个维度的影响效应基本不变，受教育年数的影响效应也基本不变。而受教育年数×国家社会维度、受教育年数×家庭关系维度、受教育年数×个人物质维度三个交互项中，只有受教育年数×个人物质维度

的影响达到显著性水平。第二层模型整体可以解释因变量总变异的 18.1%（ $R^2 = 0.181$ ），模型可以显著解释因变量（ $F = 134.65$ ， $p < 0.001$ ）。加入受教育年数×国家社会维度、受教育年数×家庭关系维度、受教育年数×个人物质维度三个交互项之后，解释因变量的变异增加了 0.1%（ $\Delta R^2 = 0.001$ ），该变异的改变量没有达到显著性水平（ $Fchange = 2.15$ ， $p = 0.092$ ）。

在第一层中加入受教育年数和美好生活需要的国家社会、家庭关系和个人物质三个维度，在第二层中加入受教育年数和美好生活需要的国家社会、家庭关系和个人物质三个维度的乘积项，以压力作为因变量，以此考察受教育年数对美好生活需要影响压力的调节作用，回归分析结果如表 16 所示。

表 16　受教育年数对美好生活需要影响压力的调节效应检验

模型	变量	非标准化系数		标准化系数	t	Sig.
		B	标准误	Beta		
1	（Constant）	2.30	0.01	—	255.15	0.00
	受教育年数	-0.04	0.00	-0.14	-9.92	0.00
	国家社会	-0.16	0.01	-0.33	-11.57	0.00
	家庭关系	-0.13	0.01	-0.26	-9.68	0.00
	个人物质	0.13	0.01	0.27	11.15	0.00
2	（Constant）	2.30	0.01	—	255.14	0.00
	受教育年数	-0.04	0.00	-0.14	-9.92	0.00
	国家社会	-0.16	0.01	-0.32	-11.45	0.00
	家庭关系	-0.13	0.01	-0.26	-9.63	0.00
	个人物质	0.12	0.01	0.26	11.02	0.00
	受教育年数×国家社会维度	0.01	0.01	0.06	2.00	0.05
	受教育年数×家庭关系维度	0.00	0.01	0.00	-0.14	0.89
	受教育年数×个人物质维度	-0.01	0.01	-0.07	-3.00	0.00

从表 16 可以看出，第一层单独加入的受教育年数以及美好生活需要的国家社会、家庭关系、个人物质三个维度对压力的影响均达到显著性水平。

其中，受教育年数、国家社会维度和家庭关系维度为负向影响，个人物质维度为正向影响，表明：受教育年数越多，压力越小；个体对国家社会维度的评价越高，压力越小；个体对家庭关系维度的评价越高，压力越小；个体对个人物质维度的评价越高，压力越大。第一层模型可以解释因变量总变异的17.0%（$R^2 = 0.170$），模型可以显著解释因变量（$F = 218.83$，$p < 0.001$）。在第二层加入受教育年数和三个维度的交互项之后，受教育年数、三个维度对压力的影响仍达到显著性水平。其中，受教育年数、国家社会维度和家庭关系维度为负向影响，个人物质维度为正向影响，表明：受教育年数越多，压力越小；个体对国家社会维度的评价越高，压力越小；个体对家庭关系维度的评价越高，压力越小；个体对个人物质维度的评价越高，压力越大。相比第一层，第二层中国家社会、家庭关系和个人物质三个维度的影响效应基本不变，受教育年数的影响效应也基本不变。而受教育年数×国家社会维度、受教育年数×家庭关系维度、受教育年数×个人物质维度三个交互项中，受教育年数×国家社会维度的影响达到0.05的显著性水平，为正向影响，受教育年数×个人物质维度的影响达到0.00的显著性水平，为负向影响。第二层模型整体可以解释因变量总变异的17.2%（$R^2 = 0.172$），模型可以显著解释因变量（$F = 126.86$，$p < 0.001$）。加入受教育年数×国家社会维度、受教育年数×家庭关系维度、受教育年数×个人物质维度三个交互项之后，解释因变量的变异增加了0.2%（$\Delta R^2 = 0.002$），该变异的改变量达到了0.05的显著性水平（$Fchange = 3.69$，$p < 0.05$）。

四 讨论

（一）美好生活需要和心理健康的整体情况

整体来讲，本次调查的样本中，个体对美好生活需要三个维度的评价均较高。对美好生活需要三个维度的评价体现了受访者理想中的美好生活的样子，各维度的评分表达了这些项目在个体心目中的重要程度。受访者对各维度的评分均较高，说明个体认为国家社会的稳定、家庭关系的和谐和个人物质的丰富都是美好生活的重要组成部分。其中，受访者对国家社会维度和家庭关系维度的评价高于对个人物质维度的评价，说明个体认为理想的美好生活中，国家社会的稳定、家庭关系的和谐比个人物质的丰富更重要。

用于测量心理健康的三种消极情绪状态中，个体对压力的评分高于抑郁和焦虑，说明压力是更为常见、多发的消极情绪状态。从消极情绪的角度来说，抑郁与丧失活力、消极的自我评价、无望感等相关，焦虑与对未来的恐惧、明显的身体症状等相关，这两种消极情绪状态更偏病理性，因此出现的情景比较少见。而压力的感受则与难以放松、反应过激、易怒易激惹等相关，在生活中更为常见。

美好生活需要和消极的情绪状态均呈现显著的负相关。当个体对美好生活需要的各项评价较高时，表明其对理想的美好生活充满憧憬，此时自己的消极情绪状态较低，因此呈现负相关。或者从另一个角度来说，当个体陷入消极的情绪状态时，对未来不抱希望、感到悲观，则会认为什么事情都不重要，因此可能会对美好生活需要三个维度的评价较低。

（二）美好生活需要对心理健康的整体影响

整体来说，各项美好生活需要对心理健康的影响均为显著，与相关分析的结果一致。但是，在回归分析的结果中显示，国家社会维度和家庭关系维度对消极情绪状态的影响为负向，而个人物质维度的影响为正向，这与相关分析的结果不同。这可能是由于，在相关分析中，每两项相关是在不考虑其他变量存在的情况下进行的，而回归分析中，每个变量的影响效应计算是基于其他变量存在的情况。国家社会维度和家庭关系维度的负向影响表明，个体越重视国家社会的稳定、家庭关系的和谐，自身感受到的消极情绪越低。这可能是因为，个体不仅重视国家社会的稳定、家庭关系的和谐，而且认为这两个维度实现的可能性很大，所以想到这两个维度的重要程度时，往往感受到的是充满希望的积极感受。但是个人物质的丰富，却可能让个体感受到消极的情绪状态，因为丰富自己所拥有的物质生活，需要更加努力的奋斗、

更好的工作机会，这些并不是轻易可以获得的，因此会使个体产生更加消极的情绪感受，会感到无望、对未来略带恐惧甚至有压力。

（三）不同群体中美好生活需要对心理健康的影响

为了进一步考察不同群体中美好生活需要对心理健康的影响，本研究还通过不同性别群体、不同年龄群体、不同受教育年数群体的角度做调节效应的分析。

性别部分的研究发现，国家社会维度和家庭关系维度的评价对消极情绪的负向影响在男性身上效果更小，但是个人物质维度的评价对消极情绪的正向影响在男性身上效果更大。当今社会，对男性的物质持有量的要求确实与日俱增，尤其是适婚年龄的男性，要求其"有钱有车有房"。对男性来说，无疑是重要的消极情绪来源。因此，越重视个人物质的男性，感受到的消极情绪越强烈。

年龄部分的研究发现，年龄的增长意味着生活阅历的丰富、解决问题能力的增强，所以体验到的消极情绪状态越低。但是个人物质维度评分对于年龄越大的个体，影响越大，由于个人物质维度的影响为正向，意味着，年龄越大的个体，当他越重视个人物质时，感受到的消极情绪状态越强。可能是因为，年龄越大，其改变职业的可能性越小，因此其大幅度提高收入的可能性越小。也就是说，年轻时可以随时增长职业技能，改善工作水平，感觉自己有很大的可能性"发大财"，但是年长者工作已稳定，其收入的增长幅度是基本可预见的，基本不会有忽然"发大财"的可能。所以，越重视个人物质，意味着失望的可能性越大，就更容易有消极的情绪体验。

受教育年数部分的研究发现，受教育年数越多，意味着个体所拥有的社会资源越多、解决问题能力越强，因此，可以有效应对生活中的消极事件。这一点在焦虑和压力两种消极情绪中表现更为显著，受教育年数扩大了国家社会维度对压力的负向影响，同时减缓了个人物质维度对焦虑和压力的正向影响。也就是说，受教育水平更高的个体，更加明白国家社会稳定的重要性，因此，越重视国家社会维度的个体，消极情绪越不明显。并且，受教育水平更高的个体，其获取个人物质的能力更强，所以即使重视个人物质维度，也不会感受到过多的压力和无助感。

参考文献

张欣欣、张卫东：《中、美大学生需要满足及其情感体验的比较研究》，《心理研究》2012 年第 2 期。

方杰、温忠麟、梁东梅等：《基于多元回归的调节效应分析》，《心理科学》2015 年第 3 期。

梁樱：《心理健康的社会学视角——心理健康社会学综述》，《社会学研究》2013 年第 2 期。

王俊秀：《从社会心态培育到社会心理建设》，《北京工业大学学报》（社会科学版）2015 年第 4 期。

Britton, P. C., "Basic Psychological Needs, Suicidal Ideation, and Risk for Suicidal Behavior in Young Adults", *Suicide and Life – Threatening Behavior* 4 (2015).

Deci, E. L., Ryan, R. M., "The 'What' and 'Why' of Goal Pursuits: Human Needs and the Self – Determination of Behavior", *Psychological Inquiry* 4 (2000).

Henry, J. D., Crawford, J. R., "The Short – form Version of the Depression Anxiety Stress Scales (DASS – 21): Construct Validity and Normative Data in a Large Non – Clinical Sample", *British Journal of Clinical Psychology* 2 (2005).

Mirowsky, J., Ross, C. E., "Education, Social Status, and Health", *Transaction Publishers* (2003).

B.7
民众时间使用及其对生活满意度的影响

苗瑞凯*

摘　要： 时间的使用与分配是反映生活方式、衡量生活质量的重要指标。本报告分析民众的时间使用特征，并探讨时间使用对生活满意度的影响。结果显示，女性群体、"70后"群体、研究生（含在读）及以上群体、月收入为7001~10000元的群体、拥有外地农村户口的群体工作时间相对较长；男性群体、"80后"群体、高中（技校、职高、中专）毕业群体、月收入为5001~7000元的群体、拥有外地城市户口的群体通勤时间相对较长；女性群体、"80后"群体、大专（含在读）群体、月收入为3001~5000元的群体、拥有外地农村户口的群体运动时间相对较短；男性群体、"80后"群体、高中（技校、职高、中专）毕业群体、月收入为5001~7000元的群体、拥有外地城市户口的群体休闲时间相对较短。时间使用对生活满意度有着显著的影响，受访者的运动时间越长，生活满意度就越高，而工作时间、通勤时间、休闲时间则表现出相反的作用。

关键词： 工作时间　时间使用　生活满意度

---

* 苗瑞凯，中国社会科学院大学社会学系博士研究生，研究方向为社会心态。

一　引言

时间对人们来说是宝贵的稀缺资源，工作时间、通勤时间、运动时间、休闲时间等不同类型的时间分别对应着不同的生产和活动类型，时间的使用和分配是反映民众生活方式、衡量生活质量的重要指标。薛东前等人对人们的时间使用进行分析，不仅可以准确揭示民众日常的生活状况以及劳动分工、交通运输、生活休闲等诸多社会生活问题，还可以反映政府所提供的相应公共服务水平。

自20世纪二三十年代始，发达国家已率先展开时间使用的相关调查。最开始的研究主要聚焦于国家内特定社会群体的日常时间使用和分配状况，随着大规模调查方法的完善和研究的深入，欧美等发达国家进行了跨国比较研究，积累了丰富的研究资料。受发达国家的影响，发展中国家也逐步展开民众时间使用调查。据柴彦威等人考证，中国最早关于时间使用的调查为1980～1981年在哈尔滨和齐齐哈尔两个北方城市中对职工家务劳动和闲暇时间使用状况的调查；2008年，国家统计局在北京、河北等10个省市进行了国内第一次大规模时间使用调查，也因此带动了国内相关研究的进展。目前，时间使用已被应用于多个方面的分析。例如，在经济学研究领域，齐良书等学者发现，时间利用调查数据可用于无酬劳动经济价值估算，投入产出等宏观分析；还可用于劳动力市场、家庭内部时间配置等微观经济研究以及福利状况评估等方面。在社会学研究领域，杨菊华、胡军辉发现，通过分析劳动时间与家庭劳动时间的性别差异，可以真实反映社会、经济、政治、文化等领域的社会性别不平等问题，为制定相关政策提供参考依据。

不同类型的时间使用反映着民众的生活方式和生活质量，也影响了民众对生活的体验。工作时间内的劳动是人们获取收入、提供生存保障的主要途径，合理的工作时间是良好工作条件的体现，但是，如果长期的超时工作，不利于个体的身心健康，影响生活质量；通勤时间主要指个人为上班（上学）而从居住地到达工作场所（学校）需要花费的时间。吴江洁、孙斌栋认为，伴随着工业化和城市化的加速，私家车的普及使得国内主要城市普遍

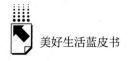

面临交通堵塞问题，同时职业空间结构的分散使得居民需要承受越来越长时间的通勤，带来体力和精力的双重损耗。薛品指出，运动时间和休闲时间是个体可以自由支配的时间，人们生活时间中的自由闲暇时间可以作为一种客观福利指标，一个人拥有的自由支配时间越多，越可能得到充分的休息和发展。

随着社会经济的发展和时代的变迁，人们的生活方式发生了翻天覆地的变化，时间使用也因而发生了较大改变。为了更好地了解当前中国民众时间使用现状以及与生活满意度的关系，本报告通过大样本抽样调查的方法，分析民众工作时间、通勤时间、运动时间以及休闲时间的现实状况，进而探讨不同类型的时间使用对生活满意度的影响。

二　研究方法

（一）数据来源

本次调查是通过智媒云图研发的问卷调研 App "问卷宝"，向在线样本库的全国用户（共约 110 万人，覆盖全国 346 座地级城市）推送问卷，然后通过用户分享问卷的方式进行滚雪球式发放。目前，"问卷宝"在质量控制方面能够实现定制化调查和精准的问卷推送，依照调查目的向特定用户群体推送问卷。参与调查人员需要经过系统认证，系统能够检测用户在填写过程中的特征，对乱填乱写的用户进行剔除并列入黑名单，从而确保数据的可靠性。问卷回收后，课题组进一步依据陷阱题、答题完成情况、逻辑检验等对问卷进行筛选。本次调查覆盖全国 31 个省、自治区、直辖市（不含港澳台地区），调查最初共收回全部作答问卷 9130 份，经筛选最终得到有效成人问卷 8556 份，问卷回收有效率为 93.71%。

（二）测量工具

1. 时间使用

课题组分别测量了工作时间、通勤时间、运动时间以及休闲时间，被调查者根据自身实际情况回答："您每周平均工作多少小时""您每天上班或上学，路上平均花费多少小时""您每周运动多少小时""您每周用于休闲的时间为多少小时"。

2. 生活满意度

课题组采用爱德华·达纳等人编制的生活满意度量表。量表包括 5 个题目，如"我的生活大致符合我的理想"等。采用李克特 7 点计分，从非常不同意（1 分）到非常同意（7 分），得分越高，表示生活满意度越高。

（三）数据处理

本研究采用 SPSS 24.0 统计分析软件对数据进行分析，主要分析方法包括：描述性统计、差异检验及多重线性回归分析等。

三　研究结果

（一）时间使用的人口学特征

为探究时间使用的基本情况，课题组分别按照不同性别群体、不同年龄群体、不同受教育程度群体、不同月收入群体、拥有不同户口的群体来进行统计分析。

1. 不同性别群体

结果表明，如表 1 所示，男性和女性在工作时间（$t = 8.74$，$p < 0.001$）、通勤时间（$t = 21.97$，$p < 0.001$）、运动时间（$t = 4.05$，$p < 0.001$）、休闲时间（$t = 3.29$，$p < 0.01$）上均存在显著性差异。男性在通勤时间和运动时间上明显比女性长，在工作时间和休闲时间上比女性短。

表 1　不同性别群体的时间使用

单位：人，小时

项目	性别	人数	平均时间	标准差	t
工作时间	男	5876	33.41	23.61	8.74 ***
	女	2680	37.64	19.35	

续表

项目	性别	人数	平均时间	标准差	t
通勤时间	男	5876	2.46	2.21	21.97 ***
	女	2680	1.58	1.42	
运动时间	男	5876	6.82	7.09	4.05 ***
	女	2680	6.16	6.78	
休闲时间	男	5876	10.10	11.03	3.29 **
	女	2680	10.96	11.28	

注：** 表示 $p < 0.01$，*** 表示 $p < 0.001$。下同。

2. 不同年龄群体

采用方差分析，比较不同年龄群体在时间使用上的差异，如表 2 所示。结果表明，不同年龄群体在工作时间（$F = 26.90$，$p < 0.001$）、通勤时间（$F = 257.13$，$p < 0.001$）、运动时间（$F = 16.05$，$p < 0.001$）、休闲时间（$F = 109.75$，$p < 0.001$）上均存在显著性差异。其中，"70 后"群体和"90 后"群体的工作时间明显长于"80 后"群体和"60 后"群体；"80 后"群体的通勤时间最长，其次为"70 后"群体、"90 后"群体和"60 后"群体；"60 后"群体的运动时间最长，其次为"90 后"群体、"70 后"群体和"80 后"群体；"90 后"群体的休闲时间最长，其次为"60 后"群体、"70 后"群体和"80 后"群体。

表 2　不同年龄群体的时间使用

单位：人，小时

项目	年龄	人数	平均时间	标准差	F
工作时间	"90 后"	3985	36.06	22.87	26.90 ***
	"80 后"	3476	32.59	22.39	
	"70 后"	663	39.49	19.42	
	"60 后"	432	32.46	21.24	
通勤时间	"90 后"	3985	1.67	1.70	257.13 ***
	"80 后"	3476	2.89	2.28	
	"70 后"	663	2.06	1.82	
	"60 后"	432	1.55	1.48	

项目	年龄	人数	平均时间	标准差	F
运动时间	"90后"	3985	6.90	8.01	16.05***
	"80后"	3476	6.10	5.00	
	"70后"	663	6.56	6.92	
	"60后"	432	8.22	10.02	
休闲时间	"90后"	3985	12.61	13.46	109.75***
	"80后"	3476	8.17	7.45	
	"70后"	663	8.53	9.78	
	"60后"	432	10.15	11.07	

3. 不同受教育程度群体

采用方差分析，比较不同受教育程度的群体在时间使用上的差异，如表3所示。结果表明，不同受教育程度的群体在工作时间（$F = 136.67$，$p < 0.001$）、通勤时间（$F = 293.83$，$p < 0.001$）、休闲时间（$F = 25.14$，$p < 0.001$）上均存在显著性差异，在运动时间（$F = 0.97$，$p > 0.05$）上无显著性差异。其中，研究生（含在读）及以上群体的工作时间最长，其次是大学本科（含在读）群体，而高中（技校、职高、中专）毕业群体的工作时间最短；高中（技校、职高、中专）毕业群体的通勤时间最长，初中毕业群体的通勤时间最短；小学毕业及以下群体的运动时间、休闲时间最长，大专（含在读）群体的运动时间最短，高中（技校、职高、中专）毕业群体的休闲时间最短。

表3　不同受教育程度群体的时间使用

单位：人，小时

项目	受教育程度	人数	平均时间	标准差	F
工作时间	小学毕业及以下	100	30.14	24.64	136.67***
	初中毕业	429	36.90	26.47	
	高中（技校、职高、中专）毕业	2746	26.03	25.17	
	大专（含在读）	1877	38.18	21.09	
	大学本科（含在读）	3024	39.67	17.67	
	研究生（含在读）及以上	380	40.09	17.27	

续表

项目	受教育程度	人数	平均时间	标准差	F
通勤时间	小学毕业及以下	100	1.56	1.73	293.83 ***
	初中毕业	429	1.41	1.46	
	高中(技校、职高、中专)毕业	2746	3.32	2.51	
	大专(含在读)	1877	1.74	1.61	
	大学本科(含在读)	3024	1.62	1.42	
	研究生(含在读)及以上	380	1.72	1.51	
运动时间	小学毕业及以下	100	7.42	13.00	0.97
	初中毕业	429	7.12	9.10	
	高中(技校、职高、中专)毕业	2746	6.57	7.09	
	大专(含在读)	1877	6.46	6.85	
	大学本科(含在读)	3024	6.67	6.45	
	研究生(含在读)及以上	380	6.48	6.39	
休闲时间	小学毕业及以下	100	11.93	15.80	25.14 ***
	初中毕业	429	10.24	14.22	
	高中(技校、职高、中专)毕业	2746	8.59	10.02	
	大专(含在读)	1877	10.51	11.84	
	大学本科(含在读)	3024	11.81	10.88	
	研究生(含在读)及以上	380	10.78	9.48	

4. 不同月收入群体

采用方差分析，比较不同月收入的群体在时间使用上的差异，如表4所示。结果表明，不同月收入群体的工作时间（$F=36.06$，$p<0.001$）、通勤时间（$F=65.44$，$p<0.001$）、运动时间（$F=7.66$，$p<0.001$），休闲时间（$F=39.21$，$p<0.001$）均有显著性差异。月收入为7001~10000元的群体工作时间最长，月收入为1000元及以下的群体工作时间最短；月收入为5001~7000元的群体通勤时间最长，月收入为1001~3000元的群体通勤时间最短；月收入为30000元以上的群体运动时间最长，月收入为3001~5000元的群体运动时间最短；月收入为1000元及以下的群体休闲时间最长，月收入为5001~7000元的群体休闲时间最短。

表4　不同月收入群体的时间使用

单位：人，小时

项目	月收入	人数	平均时间	标准差	F
工作时间	1000 元及以下	1111	28.36	25.64	36.06 ***
	1001～3000 元	981	36.76	23.30	
	3001～5000 元	2399	32.67	22.90	
	5001～7000 元	2294	34.64	22.40	
	7001～10000 元	998	41.25	16.47	
	10001～15000 元	519	40.51	16.91	
	15001～30000 元	166	39.89	17.21	
	30000 元以上	88	33.44	23.63	
通勤时间	1000 元及以下	1111	1.78	2.05	65.44 ***
	1001～3000 元	981	1.59	1.69	
	3001～5000 元	2399	2.56	2.26	
	5001～7000 元	2294	2.64	2.20	
	7001～10000 元	998	1.62	1.20	
	10001～15000 元	519	1.71	1.29	
	15001～30000 元	166	1.71	1.46	
	30000 元以上	88	1.97	2.13	
运动时间	1000 元及以下	1111	7.53	9.86	7.66 ***
	1001～3000 元	981	6.94	9.55	
	3001～5000 元	2399	6.21	6.17	
	5001～7000 元	2294	6.23	5.03	
	7001～10000 元	998	6.80	6.08	
	10001～15000 元	519	6.73	6.25	
	15001～30000 元	166	6.73	5.32	
	30000 元以上	88	9.63	10.08	
休闲时间	1000 元及以下	1111	14.86	16.39	39.21 ***
	1001～3000 元	981	11.88	13.99	
	3001～5000 元	2399	9.31	9.55	
	5001～7000 元	2294	8.88	8.29	
	7001～10000 元	998	10.18	9.56	
	10001～15000 元	519	9.67	8.15	
	15001～30000 元	166	11.10	12.27	
	30000 元以上	88	9.28	9.33	

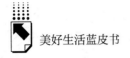
5. 不同户口群体

采用方差分析，比较拥有不同户口的群体在时间使用上的差异，如表5所示。结果表明，拥有不同户口的群体在工作时间（$F = 207.82$，$p < 0.001$）、通勤时间（$F = 877.65$，$p < 0.001$）、运动时间（$F = 12.19$，$p < 0.001$）、休闲时间（$F = 32.90$，$p < 0.001$）上均存在显著性差异。拥有外地农村户口的群体工作时间最长，其次为拥有本地城市户口的群体、拥有本地农村户口的群体、拥有外地城市户口的群体；拥有外地城市户口的群体通勤时间最长，其次为拥有本地农村户口的群体、拥有外地农村户口的群体、拥有本地城市户口的群体；拥有本地农村户口的群体运动时间最长，其次为拥有本地城市户口的群体、拥有外地城市户口的群体、拥有外地农村户口的群体；拥有本地农村户口的群体休闲时间最长，其次为拥有本地城市户口的群体、拥有外地农村户口的群体、拥有外地城市户口的群体。

表5　拥有不同户口的群体的时间使用

单位：人，小时

项目	户口	人数	平均时间	标准差	F
工作时间	本地城市户口	3238	38.31	18.51	207.82 ***
	本地农村户口	2692	34.84	23.94	
	外地城市户口	1600	23.26	22.82	
	外地农村户口	1026	41.04	22.81	
通勤时间	本地城市户口	3238	1.56	1.29	877.65 ***
	本地农村户口	2692	1.94	2.00	
	外地城市户口	1600	4.22	2.33	
	外地农村户口	1026	1.63	1.52	
运动时间	本地城市户口	3238	6.86	6.60	12.19 ***
	本地农村户口	2692	6.98	8.32	
	外地城市户口	1600	5.99	4.81	
	外地农村户口	1026	5.85	7.24	
休闲时间	本地城市户口	3238	10.97	11.13	32.90 ***
	本地农村户口	2692	11.05	12.40	
	外地城市户口	1600	7.92	7.49	
	外地农村户口	1026	10.50	11.71	

（二）时间使用与生活满意度的关系

以各类时间为自变量，以生活满意度为因变量进行多重线性回归分析。同时回归方程纳入性别、年龄、受教育程度、月收入、户口等人口学变量，剔除其对研究结果的影响。自变量采用层次进入的方式，考察每层中增加的变量对回归方程解释力度的影响，从而判定增加的变量是否和因变量独立关联。具体而言，第一层进入人口学变量，第二层进入工作时间、通勤时间、运动时间及休闲时间。每层变量采用全部进入（Enter）的方式，结果如表6所示。

表6　各变量对生活满意度的回归分析结果

变量	第一层标准化系数(β)	第二层标准化系数(β)
性别	- 0.01	0.00
年龄	- 0.07 ***	- 0.07 ***
受教育程度	- 0.02	- 0.01
月收入	0.15 ***	0.15 ***
户口	- 0.18 ***	- 0.16 ***
工作时间		- 0.12 ***
通勤时间		- 0.08 ***
运动时间		0.16 ***
休闲时间		- 0.03 **
R^2	0.05	0.09
ΔR^2	0.05	0.03
F	81.89 ***	75.24 ***

两步之后的回归方程解释了生活满意度9%的变化。在控制了人口学变量的影响之后，第二步进入各项时间，显著增加了回归方程的解释力度。运动时间可以正向预测生活满意度，表明被访者运动时间越长，生活满意度越高；但工作时间、通勤时间以及休闲时间均负向预测生活满意度，表明被访者工作时间、通勤时间及休闲时间越长，生活满意度越低。

四　讨论与结论

（一）时间使用的特征

　　课题组通过对时间使用的考察，发现不同性别群体、不同年龄群体、不同受教育程度群体、不同月收入群体、拥有不同户口的群体在时间使用上存在显著性差异。

　　第一，女性群体、"70后"群体、研究生（含在读）及以上群体、月收入为7001～10000元的群体、拥有外地农村户口的群体工作时间相对较长，说明女性在当前的职场环境中仍然面临着较大的工作压力，"70后"群体、研究生（含在读）及以上群体、月收入为7001～10000元的群体通常处于职场的中坚力量，工作时间也相对较长，大部分拥有外地农村户口的群体要承担着繁重的工作任务，为了赚取更多的收入，不得不延长工作时间。因此，要重点关注这些人员的工作压力，并制定科学、合理的工作时间制度和相应的福利制度，同时对不规范的超时用工行为加以遏制。

　　第二，男性群体、"80后"群体、高中（技校、职高、中专）毕业群体、月收入为5001～7000元的群体、拥有外地城市户口的群体通勤时间相对较长。通勤时间长，一方面可能是居住地离工作单位较远，另一方面也有可能是因为交通堵塞引起的。孙斌栋等学者指出，城市交通的改善不容忽视，政策上可以通过增加交通设施供给和调整工作模式等来缓解交通拥堵，如优先使用公共出行工具、实施错峰上下班制度、实行远程办公，等等。

　　第三，女性群体、"80后"群体、大专（含在读）群体、月收入为3001～5000元的群体、拥有外地农村户口的群体运动时间相对较短，运动可以增强身体素质，因而要加强体育锻炼的宣传，鼓励这些人员积极参加锻炼。男性群体、"80后"群体、高中（技校、职高、中专）毕业群体、月收入为5001～7000元的群体、拥有外地城市户口的群体休闲时间相对较短，当前民众的生活工作压力普遍较大，要适当休息，做到劳逸结合。

（二）时间使用对生活满意度的影响

本研究中，时间使用对生活满意度有着显著的影响，当被访者运动时间越长，生活满意度就会越高，但是当被访者的工作时间、通勤时间和休闲时间越长的时候，则会降低生活满意度。工作时间、通勤时间越长，意味着被访者休息放松的时间就越少，长时间的工作压力得不到缓解，容易产生焦虑、紧张、疲惫等反应，损害被访者的身心健康；而且较长的工作时间、通勤时间也会影响被访者在家庭中投入的精力，家人间的交流减少，给家庭幸福和谐也带来消极的影响，进而降低了生活满意度。此外，课题组的研究还发现，休闲时间越长、生活满意度越低。由此可见，休闲虽然可以起到放松的作用，但要控制在合理范围之内，过度的休息，不仅浪费大量宝贵时间，而且会影响正常的工作和生活节奏。但运动时间对生活满意度有着积极影响，说明运动是排解压力、提高生活满意度的有效方式。

参考文献

柴彦威、李峥嵘、史中华：《生活时间调查研究回顾与展望》，《地理科学进展》1999 年第 1 期。

胡军辉：《中国家庭家务时间配置的福利效应——基于性别差异和城乡背景的比较分析》，《上海财经大学学报》2015 年第 6 期。

齐良书：《关于时间利用的经济学研究综述》，《经济学动态》2012 年第 2 期。

孙斌栋、吴江洁、尹春、陈玉：《通勤时耗对居民健康的影响——来自中国家庭追踪调查的证据》，《城市发展研究》2019 年第 3 期。

吴江洁、孙斌栋：《发达国家通勤影响个人健康的研究综述与展望》，《世界地理研究》2016 年第 3 期。

薛东前、刘溪、周会粉：《中国居民时间的利用特征及其影响因素分析》，《地理研究》2013 年第 9 期。

薛品：《科研人员的时间分配与生活满意度——性别的视角》，《湖北经济学院学报》2015 年第 1 期。

杨菊华：《时间利用的性别差异——1990～2010 年的变动趋势与特点分析》，《人口

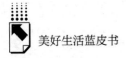
与经济》2014 年第 5 期。

袁志敏：《超长工作与冠心病罹发风险间关系》，《心血管病学进展》2011 年第 4 期。

Diener, E., "The Satisfaction with Life Scale", *Journal of Personality Assessment* 49 (1985).

Mullan, "Valuing Parental Childcare in the United Kingdom", *Feminist Economics* 16 (2010).

体　验　篇

Experience

B.8
家庭亲近指数报告（2020）*

肖明超**

摘　要：　家文化是中国传统文化的核心，家庭是社会的纽带，家庭文化影响着社会主流价值取向。随着社会经济的发展，家庭结构呈现小型化趋势，社会压力的增大和手机等科技产品的普及挤占和影响着家庭成员相处的时间和沟通的方式，中国家庭关系受到越来越多的因素的挑战，家人之间的"关系疏离"成了备受关注的社会问题。本课题以典型家庭面对面深度访谈和线上定量调研为主要方法，以"亲近感"为核心，通过亲近指数的研究，深度解读了当下中国家庭的亲近感现

* 本文来自中国社会科学院社会学研究所社会心理学研究中心、圣象集团与知萌咨询机构联合开展的"中国家庭亲近指数"专题研究，该课题开展时间为2019年6月15日～9月26日。

** 肖明超，中国家庭亲近指数项目组总策划，知萌咨询机构创始人兼CEO，中国广告协会学术委员会常务委员，北京航空航天大学特聘教授，北京服装学院、北京师范大学等高校硕士研究生导师，研究领域为社会文化与消费趋势、互联网与营销创新等。

状，提出了增强家庭亲近感、营造家庭氛围和文化的方法，具有重要的社会意义。

关键词： 家庭关系 疏离感 亲近关系 亲近感

一 研究背景

家文化是中国传统文化的核心，孟子曾说，"天下之本在国，国之本在家，家之本在身"。早在先秦时期，《诗经》中就有不少关于家庭的描述，开篇第一首的《诗经·国风·关雎》，正是表现了人们对幸福婚姻家庭的美好想象；到了汉代，先辈们倡导"百善孝为先""以孝治天下"的理念，使孝道从家庭伦理扩展成了社会伦理和政治伦理；魏晋南北朝和唐宋时期，"家训"得到了发展，人们开始重视对家庭成员的训诫和教导；元明清时期，子女教育成为家庭的核心议题。从古到今，每一个家庭成员在家庭里所遵循的家庭规则或观念，都在影响和决定着社会的主流价值取向。

但是，社会的发展和时代的变迁令家庭关系受到了越来越大的外部冲击。家庭结构小型化使大家庭同住模式被瓦解，过去一家人"围炉而坐"的情形正在消失；随着城市化进程的加快和居住环境的改善，越来越多的个体私域空间开始出现，传统的讲究权威和秩序的家庭文化受到个体独立性的挑战。因此，在当下的环境中，家庭关系的研究对于美好生活的满足以及社会幸福和谐有着非常重要的意义。

中国社会科学院社会学研究所社会心理学研究中心在《民众美好生活需要调查（2019）》中指出，美好生活需要的构成包含了国家社会、家庭关系和个人物质三个维度，亲近的家庭关系是美好生活需要的一个重要组成部分。

为了进一步研究中国家庭关系的现状，解读亲近感对于家庭文化建设的意义，探寻提升家庭亲近感的路径，中国社会科学院社会学研究所社会心理学研究中心、圣象集团①和知萌咨询机构②联合开展了"中国家庭亲近指数"的研究，探究当代中国家庭关系。

二 研究方法

（一）调查对象

本研究通过搜集整理有关家文化、家风家训、家庭关系相关的二手资料及学术论文，结合典型家庭面对面深度访谈和定量研究，获得了"中国家庭亲近指数"研究的第一手资料。

深度访谈阶段，在北京、上海、广州、成都4座城市，选择了12户典型家庭进行入户深度访谈，针对家庭亲近感现状以及场景进行挖掘；定量研究阶段，在北京、上海、广州、成都、南京、杭州、沈阳、西安、长沙、武汉10座城市，针对18~55岁当地常住居民开展了实地调查，每座城市选择200个样本，共计2000个样本。

（二）测量工具

课题组通过搜集有关家文化、家风家训、家庭关系相关的二手资料及学术论文，以20世纪70年代的学者本特森提出的代际团结理论为依据，结合访谈发现、专家意见以及中国家庭的特征，对代际团结理论进行了修订，把家庭亲近感的测量分为五个维度，分别是居住紧密度、观念契合度、情感共

---

① 圣象集团是一家以地板及其相关产业为主的中国家居行业领军企业，24年来以"用爱承载"的品牌理念，倡导人与人、人与自然更加亲近的场景表达，圣象以"让每一个家更亲近"的品牌主张为宗旨，以"亲近文化亲近万家"为目标，持续践行着企业社会责任，产品覆盖了2000万户中国家庭。
② 知萌咨询机构是一家趋势预测和营销服务机构，每年研究并发布广受关注并有广泛影响力的趋势报告，为企业提供趋势研究洞察、定位策略咨询和创新传播服务。

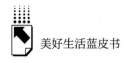

鸣度、沟通紧密度和矛盾冲突度；同时根据这五个维度构建了一级指标和二级指标，力求全面测量当代中国家庭亲近指数（见表1）。

表1　中国家庭亲近指数指标体系

一级指标	二级指标
居住紧密度	居住距离
	居住空间
观念契合度	家庭信仰一致性
	家庭价值观一致性
	家庭决策一致性
情感共鸣度	相互信任度
	情感表达度
	情感包容度
沟通紧密度	沟通频率
	沟通方式有效度
	沟通时长
矛盾冲突度	矛盾频率
	矛盾影响关系程度
	矛盾解决有效度

（三）数据处理

本研究采用SPSS 20.0统计分析软件对数据进行分析，主要分析方法包括：描述性统计、相关分析、差异检验等。

（四）指数计算方法

1.关于数据的信度、效度

（1）考虑到分析的维度，样本从性别、婚育、年龄以及家庭形态（如三口之家、三代同堂等）等方面进行人群圈定，确保样本的科学研究价值。

（2）在置信水平为 95% 的前提下，本次调查的抽样误差为 ± 2.24%。95% 的置信区间指调研数据覆盖真值的概率为 95%，误差不超过 2.24%，说明调研数据的可信度高。

（3）本年度指数采用最大方差法进行方差旋转，经主成分因子分析，该问卷的 KMO 值（适合做因子分析的程度）为 $0.798 > 0.7$，$p < 0.0001$，说明效度较好；对问卷进行了内容一致性信度分析，信度为 0.673，说明信度较好。

2. 关于指数的计算方法

中国家庭亲近指数应用主成分分析法将指标因子进行正交变换，形成彼此之间相互独立的 k 维（$k < N$）数据，得出"主成分"，利用"主成分"确定影响权重，最终形成指数的区间。

中国家庭亲近指数分值采用标杆分析法获得，根据原始调研数据，将家庭亲近得分作为标杆，并将其赋值为 100 分。受访者家庭亲近评分与标杆评分对比，计算分值，得到家庭亲近得分。

3. 关于指数的数据说明

本报告出现的"95 后"为 1995 ~ 1999 年出生的人，"90 后"为 1990 ~ 1994 年出生的人，"85 后"为 1985 ~ 1989 年出生的人，"80 后"为 1980 ~ 1984 年出生的人，"70 后"为 1970 ~ 1979 年出生的人，"65 后"为 1965 ~ 1969 年出生的人。

三　研究发现

（一）指数总发现

根据测算，中国家庭亲近指数为 73.14，23.8% 的家庭感到非常亲近，但总体的亲近感还有很大的改善空间，如表 2 所示。

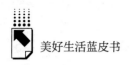

表 2   中国家庭关系的亲近感

单位: %

亲近感表现	占比
非常亲近	23.8
比较亲近	53.4
一般	20.0
不太亲近	2.5
非常不亲近	0.3

资料来源: 中国社会科学院社会学研究所社会心理学研究中心、圣象集团与知萌咨询机构于 2019 年 6 月, 针对 10 座城市 18 ~ 55 岁居民联合开展的 "中国家庭亲近指数" 定量调查 ($N =$ 2000)。下同。

根据不同家庭的表现, 将中国家庭分为细水长流型、空间团结型、价值观一致型、沟通紧密型、情感共鸣型、完美和谐型和矛盾冲突型。

调查显示, 50.4% 的中国家庭表现为细水长流型, 家庭成员在观念、情感、沟通等方面的表现一般; 17.6% 的家庭居住距离较近, 依靠空间团结维系亲近感; 完美和谐型的家庭只占 2.1%, 如表 3 所示。如何为家营造更加亲近的氛围成为中国家庭共同面临的问题。

表 3   各家庭类型占比

单位: %

类型	占比	描述
细水长流型	50.4	代表家庭在中国家庭亲近指数指标体系五个维度表现均一般
空间团结型	17.6	代表家庭成员几代人之间居住在一起
价值观一致型	13.3	代表家庭成员在价值观念上经常保持一致
沟通紧密型	10.1	代表家庭成员沟通频率较高
情感共鸣型	5.2	代表家庭成员相互尊重、信任
完美和谐型	2.1	代表家庭成员居住距离较近,沟通频繁、价值观一致、相互尊重和信任,并且矛盾冲突较少
矛盾冲突型	1.3	代表家庭成员矛盾较为突出

（二）家庭亲近指数和幸福感之间的关系

通过相关分析，家庭亲近指数与美好生活息息相关。家庭亲近指数越高，受访者给美好生活的评分越高。[①] 因此，家庭越亲近，生活越美好。调查显示，家庭亲近指数与幸福感呈正相关。家庭亲近指数越高，受访者对幸福感的评价越高。因此，家庭越亲近，幸福感越强。

（三）家庭亲近感面临的八大挑战

通过对相关指标和维度进行解读和分析，课题组总结出中国家庭亲近感面临的八大挑战。

1. 忙碌与焦虑：1/3 的人在家庭日常生活中"失陪"

每个人都渴望拥有一个温馨、和睦的家庭。但是，受访者由于工作太忙，已渐渐忽视对家人的陪伴、关怀。有些因忙碌而不回家的人，将这种时常的缺席归咎于生活压力太大，工作、生活节奏快。调查显示，如表 4 所示，67.4% 的被访者平均工作时长为 8～10 小时。此外，26.6% 的被访者表示经常加班，导致和家人相处的时光减少；30.0% 的被访者由于频繁加班而很少与家人共进晚餐。加班频率与家庭亲近指数息息相关，加班频率越低、家庭成员越亲近；加班频率越高、家庭亲近感越弱。

表 4　工作日工作时长

单位：%

工作时长	占比
8 小时以下	27.8
8～10 小时	67.4
11～12 小时	3.8
12 小时以上	1.0

---

① 家庭亲近指数是指家庭的亲近程度，美好生活评分是指当下人们对美好生活状况的打分，满分为 100 分。

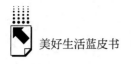
2. 被挤压的沟通：家人面对面沟通时间在减少

快节奏的生活剥夺了人们太多时间，造成受访者与家人沟通的时间和场景在减少。调查显示，如表 5 所示，工作日下班后，44.3% 的被访者与家人沟通时间不足 1 小时。

表 5　下班后回家与家人沟通时间

单位：%

沟通时间	占比
1 小时以内	44.3
1~3 小时	42.9
4~5 小时	8.1
5 小时以上	4.7

同时，家庭中代与代之间的沟通时间也逐渐减少，其中，"70 后"与家人沟通时间为 1.80 小时，"80 后"与家人沟通时间为 1.77 小时，"85 后"与家人沟通时间为 1.74 小时，"90 后"与家人沟通时间为 1.35 小时，"95 后"与家人沟通时间为 1.24 小时；"90 后"和"95 后"与家人的沟通时间小于全国平均值。

沟通是增加家庭亲近感的有效方式。调查显示，沟通时间长的家庭，家庭亲近感越强。其中，沟通时间在 1 小时以内的家庭，其家庭亲近指数为 70.81；沟通时间在 5 小时以上的家庭，其家庭亲近指数为 76.24（见图 1）。

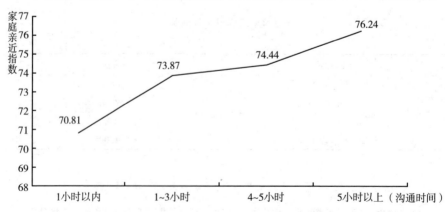

图 1　家庭成员沟通时间与家庭亲近指数

3. 被手机夺走的亲近感：虚拟的高频互动抢走了深度的陪伴

互联网进入千家万户，塑造了新的家庭生活模式，移动互联网的发展在一定程度上加强了家人之间的联系。但是，互联网的隔离也造成了场景的分化，家人即便身处同一家庭空间，也不尝试融入同一情境。此外，互联网导致社会场景与现实环境分离，同样淡化了家庭人际关系，人们在数字虚拟世界中的联系"扼杀"了现实生活中的交流。

调查显示，下班后很多人依然离不开手机，与手机"相处"的平均时长为 2.09 小时，手机让沟通陪伴质量下降，成为很多家庭关系面临的问题。在愈加壮大的"低头族"中，不乏为人父母者，这些"屏奴"家长边玩手机边陪子女，也成了新的家庭"冷暴力"。调查显示，20.9% 的父母在与子女相处时经常看手机，70.8% 的父母与子女相处时偶尔看手机，仅有 8.3% 的父母与子女相处时不看手机。表 6 说明了手机对家庭关系的影响。

表 6　手机对家庭关系的影响

单位：%

常见行为	占比
回家吃饭时，你想和爱人说几句话，他/她却一直在看手机	57.4
当你和子女交谈的时候，他们一边说"我听着呢"却一边在看手机	56.1
夫妻睡前各看各的手机	63.8

4. 夫妻关系的隐形疏离："婚姻倦怠"值得关注

在家庭中，夫妻才是家庭关系的核心。但是，随着独生子女的增加，有子女的家庭渐渐都把注意力聚焦在子女身上，亲子关系占据了家庭的核心，夫妻之间的沟通也在减少。调查显示，夫妻沟通少成为当下夫妻关系面临的问题。

曾有学者专门提出了"婚姻倦怠"问题。有研究指出，城市居民的婚姻倦怠率占比为 26.6%，这一问题不容忽视，因为它不仅直接影响着家庭亲近感，还影响着家庭的稳定。本次研究显示，夫妻年纪越大，婚姻倦怠越明显，"65 后"夫妻每天交流时长平均仅有 0.98 小时。深究原因，夫妻之

间缺乏精神的共鸣或许是亲近感疏离的主要原因。41.6%的被访者表示,夫妻间很少支持对方的爱好。此外,患上"家庭情感表达尴尬症"的人群相当普遍,大部分人认为"爱不需要表达"(见表7)。

表7 如何看待家人间的情感表达

单位:%

观点	占比
家人间怎样都能原谅,不需要特别去表达	36.8
照顾好一家老小就是对家人的爱,不需要其他的表达方式	29.8
努力工作挣钱养家就是对家人的爱,不需要特别表达	29.7

5. 亲子关系: 低质量的陪伴与父亲的缺位

父母的陪伴在子女成长过程中具有重要作用。然而调查显示,有30.4%的被访者没有时间陪伴子女。忙碌与疲惫是父母失陪的"共伤",陪伴子女很重要,但家人都在陪伴时玩手机或做别的事情,进而忽视了子女。仅仅是陪着还是高质量陪伴?值得令人深思。表8展示了手机对亲子关系的影响。

表8 手机对亲子关系的影响

单位:%

常见行为	占比
父母工作日下班后陪伴子女时仍看手机	26.3
将手机/平板电脑作为安抚子女的工具	36.3

高质量的陪伴来自亲子的沉浸时光,比如,共同阅读就是深度陪伴的重要场景。本次调研发现,真正身体力行陪子女读书的父母仅占12.9%,其中,妈妈占据了主力,能够陪子女阅读的爸爸仅占1.25%。爸爸陪伴子女阅读的时间是少之又少。

6. 年岁渐老的父母: 情感需求常被年轻人忽视

通常有了子女之后,一家人更多是围着子女转,与父母的亲近感不如子女。调查显示，在各组家庭关系中，86.0%的被访者与子女之间感到比较亲近，78.8%的被访者与父母之间感到比较亲近。城市居住模式愈加强化了个体的漂泊感，很多子女搬离父母居住的家，拉远了与父母的距离，很多父母甚至成了"无奈的独居者"。在邻里相见不相识的城市社区，人际交往与情感互动贫乏，加剧了家庭破碎的负面效应，父母无法得到近距离的情感支持，虽然通过虚拟网络的表达可以增进交流，却无法获得真正的情感亲近。

在看望父母的频次上，有45.7%的被访者表示一个月及以上才回家一次。在与父母的沟通方式上，与父母同住的人群中，40.8%的被访者较少跟父母沟通聊天；未和父母同住的人群中，有65.9%的被访者通过打电话的方式与父母沟通，33.6%的被访者通过微信视频的方式与父母沟通，32.6%的被访者通过微信语音的方式与父母沟通，18.0%的被访者通过微信打字的方式与父母沟通（见表9）。在与父母沟通中，子女更关注父母的健康与饮食，较少关注情感需求，仅有33.8%的被访者关心父母的情感问题（见表10）。

表9　与父母的沟通方式（未和父母同住的人群）

单位：%

沟通方式	占比
打电话	65.9
微信视频	33.6
微信语音	32.6
微信打字	18.0

表10　关注父母哪些问题

单位：%

关注问题	占比
健康	90.2
饮食	71.0
安全	58.7
情感	33.8
住房条件	21.8
其他	2.1

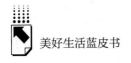

7. 年轻人对私域空间的追求：家居话语权的旁落

在互联网普及的今天，青年群体从出生就伴随着互联网一同成长，他们通过网络查询想知道的信息，在获取知识的同时，也在逐渐降低对父母的依赖，致使老一辈父母为先的观念受到巨大挑战。调查发现，年轻人在家庭决策中的重要性愈加突出。比如在装修时，年轻人越来越更加自主地决定家居风格、品牌和产品（见表11）。

表11 装修时，家居风格、品牌、产品由自己决定的比例

单位：%

年龄群体	占比
"80后"	43.5
"85后"	36.9
"90后"	36.9

8. 家居氛围里的关系投射：被冰冷界面约束的亲近感

中国的家庭文化最终在居住空间里得到充分体现，居住形态从过去独立院落的四合院、大杂院、平房到福利分房时代的筒子楼、排子楼、单元楼，再到商品房时代的小高层住宅、高层住宅、别墅，越来越多的住宅形态，也在无形中改变着家庭关系。

随着工业化和城市化的不断演进，家居空间被各种冰冷的化学材料包围，身处在各种化学材料充斥的家居空间中，家庭温馨的视觉和感觉变弱，影响着家庭成员的亲近体验。研究显示，冷色系、灰色系和暗色系的家居风格让家居空间更加冰冷，温馨和智能的家居氛围更能增添家的亲近感。图2展示了不同家居氛围与家庭亲近指数的关系。

四　对策与建议

总结和分析影响家庭亲近指数的因素，最终可以归结为两个方面，一是心理距离，即受访者和家人之间的关系；二是空间距离，即受访者和家人之

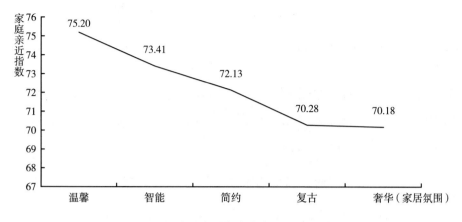

图2　不同家居氛围与家庭亲近指数的关系

间的居住距离，以及家庭居住空间带来的氛围和体验。根据本次研究结果，课题组认为，家庭亲近指数的提升，可以从情感的弥合和空间的营造两个维度来进行。

（一）情感的弥合：主动、有意识地亲近表达

家庭成员的亲近感依靠的不仅仅是居住上的近距离，更多的是内心的零距离。无话不谈、相互关心、相互理解信任、三观一致等都是对亲近感最好的理解。随着互联网的发展，家人的面对面沟通越来越少，一部手机几乎可以完成所有的事情，但是，冰冷的科技始终需要有温度的接触才能感知亲近。情感的表达需要在家庭空间中放下手机，无论是父母、夫妻还是子女，都应该保证每一个相处的时刻是高质量的、不受信息干扰的，只有这样，才能更好地增加情感的依赖度。

从夫妻角度看，更好的家庭分工能成为增进夫妻关系的润滑剂，夫妻间对于家庭事务的共同承担，也会在一定程度上促进夫妻关系；同时，夫妻间培养共同爱好，也是增加亲近时刻和提升亲近感的重要方法。从对待父母的角度看，成年的子女要记得离家再远也要常回家看看，并要带上诚挚的问候。礼物对于父母来说，不仅仅是礼物本身，更是子女表达关爱的一种形式。调查显示，回家看望父母时，93.8%的受访者会带上礼物，从衣服、

鞋、包到关注健康的各类用品、日常生活用品，等等。从亲子角度看，低质量陪伴与父亲的缺位成了当下影响亲子关系的一大隐患。放下手机，给子女多一些陪伴，多营造一些亲子时光，对子女的身心成长有很重要的作用。另外，可以设定一个家庭纪念日。调查发现，有特定的家庭纪念日有助于提升家庭亲近感，包括给长辈过生日、给子女过生日、给爱人过生日和庆祝结婚纪念日，等等。

（二）空间的营造：温馨的家居设计提升亲近感

除了从情感角度增进亲近感外，空间的氛围营造也可以增进家人的亲近感。一个家的整体设计以及细节都需要用心思考，营造一个温馨舒适的家居空间，就是营造一种温馨的幸福感，也会让家人更轻松。

首先，客厅是家人亲近的核心场景，无论是在客厅一起看电视还是聊天，都是家人沟通的重要场景。因此，舒适温馨的客厅空间将拉近家庭成员的亲近感。除此之外，厨房逐渐成为亲近感的表达空间，开放式的厨房空间，不仅可以展示自己的厨艺，还可以享受与家人一起创造美食的美好时光。其次，色彩与光线的运用对家居氛围有重要的影响。让客厅敞亮、让卧室静谧、让阳台温暖、让书房宁静、让厨房通透、让卫生间柔和，用色彩营造亲近感，在房间里营造出适宜的氛围，使其更加满足功能性的同时，增进家庭成员的亲近感。

"家"，是人类栖居与生活的处所，也是我们心灵憩息的港湾。数千年来，中华民族在"家"这个充满温馨意蕴的空间中起居吃喝、繁衍生息，也用勤劳和智慧，建设自己的家园，打造"家文化"，使我们的"家"越来越美丽。"家文化"的内涵越来越丰富，其核心精神也更加激扬和璀璨。亲近感作为对家庭关系的量化衡量，不仅是美好生活和幸福生活的重要组成部分，也是建设家文化的重要落脚点。无论时代如何变化，无论经济社会如何发展，家庭亲近感都是提升家庭关系的重要承载主体，值得各界关注。

参考文献

易正春：《中华文化是中华民族的灵魂和根脉》，《现代企业文化》2012 年第 12 期。

戴烽：《家文化视角下的公共参与》，《广西社会科学》2008 年第 4 期。

王继华：《家庭文化学》，人民出版社，2010。

吴圣刚：《论当代家庭文化》，《商丘师范学院学报》2003 年第 1 期。

葛晨虹：《中国传统家庭文化及其现代价值》，《政工研究动态》2009 年第 Z1 期。

陈显威：《论家庭文化的教育功能》，《重庆教育学院学报》2005 年第 2 期。

唐娅辉：《论家庭文化的嬗变与重构》，《中华女子学院学报》2004 年第 1 期。

刘宝驹：《现代中国城市家庭结构变化研究》，《社会学研究》2000 年第 6 期。

周长洪：《中国家庭结构变化的几个特征及其思考——基于"五普"和"六普"数据的比较》，《南京人口管理干部学院学报》2013 年第 4 期。

沈江茜、蔡弘：《家庭功能弱化与外化下家庭发展与政策选择》，《宿州学院学报》2014 年第 8 期。

熊金才：《家庭结构的变迁与家庭保障功能的弱化》，《太平洋学报》2006 年第 8 期。

唐青秋：《从媒介情景论视角下看微信群中的家庭关系》，《新闻传播》2017 年第 2 期。

张晨阳：《互联网对现代家庭关系的影响——基于媒介情境论的思考》，《今传媒》2016 年第 12 期。

张杨波：《代际冲突与合作——幼儿家庭照料类型探析》，《学术论坛》2018 年第 5 期。

吕子晔、赵冰：《关于农村全流动家庭夫妻关系的研究》，《农家参谋》2019 年第 9 期。

李艺敏、吴瑞霞、李永鑫：《城市居民的婚姻倦怠状况与婚姻压力、离婚意向》，《中国心理卫生杂志》2014 年第 8 期。

杨君：《关系型家庭：城市中老年家庭的生活特征与个体化悖论》，《中国农业大学学报》（社会科学版）2018 年第 6 期。

唐灿、陈午晴：《中国城市家庭的亲属关系——基于五城市家庭结构与家庭关系调查》，《江苏社会科学》2012 年第 2 期。

B.9
人际交往对美好生活的影响[*]

陈满琪[**]

摘　要: 本研究考察人际交往如何影响民众美好生活需要和美好生活体验，以及人际交往的哪个层面对民众美好生活需要和美好生活体验的影响更大。研究发现，与邻居交往频率和社会支持系统对个体的美好生活需要和美好生活体验有积极的影响；社会支持系统对国家社会维度与家庭关系维度的影响最大，与邻居交往频率对个人物质维度影响最大。

关键词: 人际交往　美好生活需要　美好生活体验

一　引言

　　和谐的人际关系是美好生活的润滑剂。坎贝尔等人发现，人们为使自己的生活变得更有意义，专注于人际交往过程以及由此确定的人际关系超过任何事情。人际关系作为一种重要的社会支持，对主观幸福感也起到重要影响。西方学者的跨文化研究发现，和谐的人际关系对幸福感具有较强的预测能力。以高中生为样本的研究发现，与同伴、老师和父母的人际关系越好的高中生，其主观幸福感越强。其中，与老师、父母

---

　*　本报告受国家社会科学基金重大项目"社会心理建设:社会治理的心理学路径"(项目批准号:16ZDA231)资助。

　**　陈满琪，中国社会科学院社会学研究所社会心理学研究中心副主任，副研究员、博士、硕士研究生导师，研究方向为社会心理学。

的关系对高中生主观幸福感的影响较大，高中生人际关系是其主观幸福感的有效预测因子。以大学生为样本的研究发现，人际关系满意感和主观幸福感具有显著的正相关，人际关系越好，大学生的主观幸福感越高，但主观幸福感随时间推移上升的幅度降低。金盛华等对覆盖全国 29 个省区市的研究发现，人际关系与身体健康、心理健康密切相关、相互影响，人际关系高度影响个体的身体健康和心理健康，对心理健康的影响大于身体健康。以老年人为样本的研究发现，人际关系在性格特征和老年人的生活满意度中起着中介作用，增加老年人的幸福感，可通过提升其人际关系的良好感知入手，与家庭、朋友的关系是预测老年人主观幸福感的指标，社会网络也与老年人主观幸福感有着密切关系。上述众多研究已表明，人们的幸福感与人际关系密切相关，良好的人际关系有助于人们获得幸福感从而拥抱美好生活。

有别于高中生、大学生或者老年人等特殊群体具有较为特定的人际交往对象，普通民众的人际关系对象更为宽泛而难以界定。考虑到大型调查的对象是广大民众，本研究将倾向于考察人际交往的行为层面。为了更贴近真实生活状况，研究选取了人际交往三个层面的行为作为测量指标。个体与家庭的关系始终处于人际交往的核心位置，从行为层面上用"与家人交谈时间"来衡量个体的家庭人际关系，此为人际交往第一层面的测量指标。随着社会流动的加剧、生活节奏的加快，"与邻居交往频率"成为衡量个体外围人际交往的另一个维度，此为人际交往第二层面的测量指标。社会支持系统是人际关系质量的一个重要指标，良好人际关系的重要表现是当个体遇到困难或者麻烦时，周边的亲友可伸出援助之手。"是否具有社会支持系统"是人际交往第三层面的测量指标。

本研究考察人际交往如何影响民众美好生活需要和美好生活体验，以及人际交往的哪个层面对民众美好生活需要和美好生活体验的影响更大，并在此基础上就人际关系如何满足人们的美好生活需要和提升美好生活体验提出相应的意见和建议。

二 研究方法

（一）数据来源

本研究采用了课题组编制的"美好生活需要量表"和"美好生活体验量表"，并在问卷宝平台上进行全国调查，共收集有效问卷9130份。

（二）样本分布情况的描述分析

本文基于研究问题需要，去除数据库中与家人交谈时间大于16小时的被调查者（共149个），剔除年龄小于18岁和大于70岁的被调查者，最终获得有效样本8367份，其中，男性5322人，占63.6%；女性3045人，占36.4%。年龄范围是18~70岁，平均年龄为30.6±8.91岁。

（三）调查工具

1. "美好生活需要量表"

"美好生活需要量表"旨在测量个体心目中的美好生活都需要什么、应该拥有哪些元素，要求被访者根据自己理想中的美好生活评定每个条目的"重要程度"。课题组经过两轮初测，进行了探索性因素分析和验证性因素分析，最终确定了"美好生活需要量表"的18个条目，由国家社会、个人物质和家庭关系三个维度组成，国家社会维度有8个条目，如"世界和平"等；个人物质维度有5个条目，如"有钱花"等；家庭关系维度有5个条目，如"家人团圆"等。各条目采用十级评定，从 – 5分（非常不重要）到5分（非常重要）。在数据分析过程中，对十级评定进行转化， – 5~5分的表示方式转化为1~10分的计分方式。

2. "美好生活体验量表"

"美好生活体验量表"旨在测量个体的生活体验是否美好，要求被访者根据条目的描述结合自己实际生活的体验评定"同意程度"。条目采用七级评定,从 1 分(非常不同意)到 7 分(非常同意)。"美好生活体验量表"共 18 个条目,由国家社会、个人物质和家庭关系三个维度组成,国家社会维度有 8 个条目,如"我觉得我们的世界是和平的"等;个人物质维度有 5 个条目,如"我有钱去做自己想做的事情"等;家庭关系维度有 5 个条目,如"我经常可以和家人团圆"等。

3. 人际交往

本研究的人际交往从三个方面进行衡量。一是与邻居的交往情况,询问被调查者"过去一周您与邻居交往频繁吗",从"从来没有"到"总是"分 5 个等级依次排列,分数越高,表明被调查者与邻居交往频率越高;二是与家人交谈时间,询问被调查者"昨天,您和家人交谈的时间大约有多少小时",由被调查者自行填写时间;三是社会支持系统,询问被调查者"如果您遇到麻烦,您是否有亲戚或朋友可以依靠,相信他们可以随时为您提供帮助",被调查者进行"是"或"否"的选择。

(四)数据处理

用 SPSS 21.0 统计分析软件对数据进行分析。主要运用的统计方法有描述性统计、方差分析和回归分析。

三 研究结果

(一)与邻居交往频率对美好生活需要与美好生活体验的影响

单因素方差分析发现,与邻居交往频率对美好生活需要的国家社会维度有显著的影响($F = 39.09$,$p < 0.001$)。事后检验发现,与邻居总是来往的个体,其美好生活需要的国家社会维度平均值显著高于其他交往频率的个体;与邻居交往频率对美好生活需要的个人物质维度有显著的影响($F =$

33.15，$p < 0.001$），事后检验发现，与邻居从来没有交往的个体，其美好生活需要的个人物质维度平均值显著低于其他交往频率的个体；与邻居交往频率对美好生活需要的家庭关系维度有显著的影响（$F = 34.99$，$p < 0.001$），事后检验发现，与邻居总是来往的个体，其美好生活需要的家庭关系维度平均值显著高于其他来往频率的个体。

与邻居交往频率对美好生活体验的国家社会维度有显著的影响（$F = 119.36$，$p < 0.001$）。事后检验发现，与邻居从来没有交往的个体，其美好生活体验的国家社会维度平均值显著低于其他交往频率的个体；与邻居总是来往的个体，其美好生活体验的国家社会维度平均值显著高于其他交往频率的个体。与邻居交往频率对美好生活体验的个人物质维度有显著的影响（$F = 263.40$，$p < 0.001$），事后检验发现，与邻居从来没有交往的个体，其美好生活体验的个人物质维度平均值显著低于其他交往频率的个体。与邻居交往频率对美好生活体验的家庭关系维度有显著的影响（$F = 124.11$，$p < 0.001$），事后检验发现，与邻居总是来往的个体，其美好生活体验的家庭关系维度平均值显著高于其他交往频率的个体。

总体而言，与邻居交往频率显著影响了个体的美好生活需要和美好生活体验，与邻居交往频率越高的个体，美好生活需要越强烈，美好生活体验越愉悦；与邻居交往频率为"从来没有"的个体，美好生活需要最不强烈，美好生活体验也不愉悦。

（二）与家人交谈时间对美好生活需要与美好生活体验的影响

总体来看，被调查者与家人交谈时间最大值为 15 小时，最小值为 0 小时，平均交谈时间为 2.62 小时。也就是说，与家人交谈时间越长，个体的美好生活需要越不强烈，但美好生活体验的各个维度并非相应增加，其中，个体对于国家社会维度和家庭关系维度的体验不够愉悦，而对个人物质维度的体验较愉悦。

（三）社会支持系统对美好生活需要与美好生活体验的影响

当遇到麻烦时，78.9%的被调查者认为他们有亲戚或者朋友可以依靠，并且也相信他们可以随时为其提供帮助；21.1%的被调查者认为他们没有亲戚或者朋友可以依靠，也不相信他们可以随时为其提供帮助。不同社会支持系统的个体的美好生活需要与美好生活体验平均值见表1，进一步分析发现，具有社会支持系统的个体，其在美好生活需要和美好生活体验各自三个维度上的平均值显著高于没有社会支持系统的个体。

表1　不同社会支持系统的个体的美好生活需要与美好生活体验平均值

维度	是（$N = 6604$）		否（$N = 1763$）		t
	平均值（分）	标准差	平均值（分）	标准差	
美好生活需要－国家社会	9.84	1.32	9.10	1.29	21.138***
美好生活需要－个人物质	9.28	1.51	8.78	1.38	13.447***
美好生活需要－家庭关系	9.85	1.31	9.08	1.26	22.47***
美好生活体验－国家社会	5.22	1.05	4.33	0.84	37.219***
美好生活体验－个人物质	4.60	1.24	3.87	0.94	26.796***
美好生活体验－家庭关系	5.27	1.14	4.27	0.90	38.677***

注：*** 表示 $p < 0.001$。

（四）人际关系对美好生活需要与美好生活体验各维度的影响程度

为剔除性别、年龄、受教育程度、月收入等人口学变量的影响，考察人际关系的不同方面对美好生活需要和美好生活体验各自三个维度的影响程度，以上述变量为自变量，以美好生活需要与美好生活体验各维度为因变量，进行了多重线性回归分析，自变量采用层次进入的方式，考察每层中增加的变量对回归方程解释力度的影响，从而判定增加的变量是否和因变量独立关联。具体而言，第一层进入人口学变量，其中，性别以男性为参照类；第二层进入与邻居交往频率、与家人交谈时间和社会支持系统三个人际关系方面，其中，对社会支持系统进行虚拟变量的转换，0 表示没有亲戚或者朋

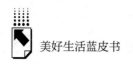

友可依靠，1 表示有亲戚或者朋友可依靠。每层变量采用全部进入方式，通过标准化回归系数衡量不同人际关系对美好生活需要和美好生活体验的影响。结果如表 2～表 7 所示。

由表 2～表 4 可知，在控制了人口学变量的影响之后，人际关系显著增加了回归方程的解释力度，说明人际关系与美好生活需要的国家社会维度有关联。回归方程累计解释了美好生活需要的国家社会维度 8.1% 的变异。最终的回归方程中，受访者与邻居交往频率越高，美好生活需要中对国家社会维度的需求越多；受访者与家人交谈时间越长，美好生活需要中对国家社会维度的需求越少；与无社会支持系统的个体相比，有社会支持系统的个体在美好生活需要中对国家社会维度的需求更少。从回归系数看，对美好生活需要中的国家社会维度来说，社会支持系统的影响最大。

在控制了人口学变量的影响之后，人际关系显著增加了回归方程的解释力度，说明人际关系与美好生活需要的个人物质维度有关联。回归方程累计解释了美好生活需要的个人物质维度 3.7% 的变异。最终的回归方程中，受访者与邻居交往频率越高，美好生活需要中对个人物质维度的需求越多；受访者与家人交谈时间对美好生活需要中个人物质维度无显著相关；与无社会支持系统的个体相比，有社会支持系统的个体在美好生活需要中对个人物质维度的需求更多。从回归系数看，对美好生活需要中的个人物质维度来说，社会支持系统和与邻居交往频率的影响较大。

在控制了人口学变量的影响之后，人际关系显著增加了回归方程的解释力度，说明人际关系与美好生活需要的家庭关系维度有关联。回归方程累计解释了美好生活需要的家庭关系维度 7.1% 的变异。最终的回归方程中，受访者与邻居交往频率越高，美好生活需要中对家庭关系维度的需求越多；受访者与家人交谈时间越长，美好生活需要中对家庭关系维度的需求越少；与无社会支持系统的个体相比，有社会支持系统的个体在美好生活需要中对家庭关系维度的需求更多。从回归系数看，对美好生活需要中的家庭关系维度来说，社会支持系统的影响最大。

表 2　美好生活需要—国家社会维度对人际关系的回归分析结果

变量	第一层标准化系数(β)	第二层标准化系数(β)
性别	0.081 ***	0.045 ***
年龄	− 0.118 ***	− 0.085 ***
受教育程度	0.049 **	0.031 **
月收入	− 0.047 ***	− 0.075 ***
与邻居交往频率		0.102 ***
与家人交谈时间		− 0.113 ***
社会支持系统		0.178 ***
R^2	0.027	0.081
$\triangle R^2$	0.027	0.054
F	57.789 ***	163.378 ***

注：* 表示 $p < 0.05$，** 表示 $p < 0.01$，*** 表示 $p < 0.001$。下同。

表 3　美好生活需要—个人物质维度对人际关系的回归分析结果

变量	第一层标准化系数(β)	第二层标准化系数(β)
性别	0.067 ***	0.060 ***
年龄	− 0.051 ***	− 0.046 ***
受教育程度	0.061 ***	0.062 ***
月收入	0.023	0.002
与邻居交往频率		0.112 ***
与家人交谈时间		− 0.006
社会支持系统		0.119 ***
R^2	0.013	0.037
$\triangle R^2$	0.013	0.024
F	27.556 ***	70.489 ***

表 4　美好生活需要—家庭关系维度对人际关系的回归分析结果

变量	第一层标准化系数(β)	第二层标准化系数(β)
性别	0.075 ***	0.038 ***
年龄	− 0.089 ***	− 0.055 ***
受教育程度	0.053 **	0.035 *
月收入	− 0.006	− 0.034 *
与邻居交往频率		0.083 ***
与家人交谈时间		− 0.092 ***
社会支持系统		0.195 ***

变量	第一层标准化系数(β)	第二层标准化系数(β)
R^2	0.018	0.071
$\triangle R^2$	0.018	0.054
F	37.927***	161.875***

由表 5~表 7 可知，在控制了人口学变量的影响之后，人际关系显著
增加了回归方程的解释力度，说明人际关系与美好生活体验的国家社会
维度有关联。回归方程累计解释了美好生活体验的国家社会维度 17.1%
的变异。最终的回归方程中，受访者与邻居交往频率越高、对国家社会
维度的体验越好；与家人交谈时间越长、对国家社会维度的体验越差；
与无社会支持系统的个体相比，有社会支持系统的个体对国家社会维度
的体验更好。从回归系数看，对于美好生活体验中的国家社会维度来说，
社会支持系统的影响最大，其次是与邻居交往频率，最后是与家人交谈
时间。

在控制了人口学变量的影响之后，人际关系显著增加了回归方程的解释
力度，说明人际关系与美好生活体验的个人物质维度有关联。回归方程累计
解释了美好生活体验的个人物质维度 20.4% 的变异。最终的回归方程中，
受访者与邻居交往频率越高、对个人物质维度的体验越好；与家人交谈时间
越长、对个人物质维度的体验越好；与无社会支持系统的个体相比，有社会
支持系统的个体对个人物质维度的体验更好。从回归系数看，对美好生活体
验中的个人物质维度来说，与邻居交往频率的影响最大，其次是社会支持系
统，最后是与家人交谈时间。

在控制了人口学变量的影响之后，人际关系显著增加了回归方程的解释
力度，说明人际关系与美好生活体验的家庭关系维度有关联。回归方程累计
解释了美好生活体验的家庭关系维度 17.2% 的变异。最终的回归方程中，
受访者与邻居交往频率越高、对家庭关系维度的体验越好；与家人交谈时间
越长、对家庭关系维度的体验越差；与无社会支持系统的个体相比，有社会
支持系统的个体对家庭关系维度的体验更好。从回归系数看，对美好生活体

验中的家庭关系维度来说，社会支持系统的影响最大，其次是与邻居交往频率，最后是与家人交谈时间。

表5　美好生活体验—国家社会维度对人际关系的回归分析结果

变量	第一层标准化系数(β)	第二层标准化系数(β)
性别	0.059 ***	0.020
年龄	−0.152 ***	−0.118 ***
受教育程度	0.056 ***	0.042 ***
月收入	0.062 ***	0.013
与邻居交往频率	—	0.221 ***
与家人交谈时间	—	−0.103 ***
社会支持系统	—	0.293 ***
R^2	0.035	0.171
$\triangle R^2$	0.035	0.136
F	75.254 ***	456.305 ***

表6　美好生活体验—个人物质维度对人际关系的回归分析结果

变量	第一层标准化系数(β)	第二层标准化系数(β)
性别	0.033 **	0.036 **
年龄	−0.008	−0.016
受教育程度	0.024 *	0.039 **
月收入	0.230 ***	0.184 ***
与邻居交往频率	—	0.304 ***
与家人交谈时间	—	0.055 ***
社会支持系统	—	0.248 ***
R^2	0.057	0.204
$\triangle R^2$	0.057	0.146
F	127.306 ***	511.149 ***

表7　美好生活体验—家庭关系维度对人际关系的回归分析结果

变量	第一层标准化系数(β)	第二层标准化系数(β)
性别	0.079 ***	0.039 ***
年龄	−0.015	−0.019
受教育程度	0.051 ***	0.037 *
月收入	0.134 ***	0.084 ***
与邻居交往频率	—	0.208 ***
与家人交谈时间	—	−0.064 ***

变量	第一层标准化系数(β)	第二层标准化系数(β)
社会支持系统	—	0.323 ***
R^2	0.031	0.172
$\triangle R^2$	0.031	0.142
F	66.218 ***	476.892 ***

四 结果与讨论

首先，就人际交往三个层面对美好生活需要与美好生活体验的影响来看，与邻居交往频率同美好生活需要与美好生活体验各自三个维度具有正向的关系，与家人交谈时间在美好生活需要与美好生活体验各自三个维度上的影响不同，在国家社会维度和家庭关系维度具有显著负向的关系，但在美好生活体验的个人物质维度具有显著正向的关系，社会支持系统同美好生活需要与美好生活体验各自三个维度具有正向的关系。与邻居交往频率和社会支持系统对个体的美好生活需要和美好生活体验有着积极的影响，与邻居交往频率越高，美好生活需要越强烈，美好生活体验也越好。有社会支持系统的个体的美好生活需要最强烈，美好生活体验也最好。

其次，从人际交往在美好生活需要与美好生活体验三个不同维度上的得分来看，国家社会维度与家庭关系维度得分较高，而个人物质维度得分较低。美好生活需要国家社会维度平均值为9.70分，个人物质维度平均值为9.15分，家庭关系维度平均值为9.69分，美好生活体验国家社会维度平均值为5.04分，个人物质维度平均值为4.43分，家庭关系维度平均值为5.04分。

综上所述，从满足民众美好生活需要和提高民众美好生活体验的角度来看，要提高民众人际交往的广度和深度。从广度来看，要创设各种形式多样的邻里交往方式。农村的邻里交往更为多样，而在城市要充分发挥社区和居委会在构建邻里交往中的作用，建构良好的社区邻里环境和氛围。从深度来看，社会支持系统是民众人际交往质量的有效指标，个体除了日常浅层人际交往的需要，还需要构建深层的人际交往。进一步分析发现，与家人交谈时间和个体的月收入呈显著正相关（$r = 0.056$）。虽然相关度不高，但也可能意味着个体的收入越高，越重视家庭，这种循环可能也促使个体在美好生活体验过程中更加强调个人物质维度。人际关系与美好生活需要和美好生活体验似乎陷入一个循环过程，如何发挥人际关系在构建民众美好生活需要的作用仍是一个需要进一步探讨的话题。

参考文献

金盛华、徐文艳、金永宏：《当今中国人人际关系与身心健康的关系——社会心理医学研究》，《心理学探新》1999 年第 3 期。

刘会驰、吴明霞：《大学生宽恕、人际关系满意感与主观幸福感的关系研究》，《中国临床心理学杂志》2011 年第 4 期。

梅锦荣：《老人主观幸福感的社会性因素》，《中国心理卫生杂志》1999 年第 2 期。

沈莉、向燕辉、沃建中：《高中生主观幸福感与自我控制、人际交往及心理健康关系》，《中国健康心理学杂志》2010 年第 7 期。

涂阳军、陈来、杨智：《人际关系在老年人幸福感中的中介作用及机制》，《中国老年学杂志》2017 年第 18 期。

魏彬：《中学生人际关系对心理健康的影响及教育引导》，硕士学位论文，山东师范大学，2005。

吴超：《中学生人际关系与主观幸福感的相关性研究》，硕士学位论文，西南大学，2008。

夏俊丽：《高中学生人际关系与主观幸福感关系的研究》，《神经疾病与精神卫生》2007 年第 1 期。

周峰：《人际关系对大学生主观幸福感及其变化轨迹的影响》，《中国人民大学教育学刊》2016 年第 2 期。

Campbell, A., "Subjective Measures of Well – being", *American Psychologist* 31 (1976).

Kwan, S. Y., Bond, M. H., Singelis, T. M., "Pancultural Explanations for Life Satisfaction: Adding Relationship Harmony to self – esteem", *Journal of Personality and Social Psychology* 73 (1997).

Singelis, T. M., "Pancultural Explanations for Life Satisfaction: Adding Relationship Harmony to self – esteem", *Journal of Personality & Social Psychology* 73 (1997).

B.10
居民文化活动参与及影响因素分析

刘洋洋*

摘　要：　中国特色社会主义进入新时代，满足人民群众日益增长的精神
　　　　　文化需求、创建美好生活成为中国社会发展的重要目标。作为
　　　　　美好生活建设的重要内容，文化生活在精神文明建设方面也发
　　　　　挥着举足轻重的作用。本报告对中国居民文化活动进行了分
　　　　　析。研究发现：文化活动的参与情况在不同群体中都有显著性
　　　　　差异。不同文化活动的参与程度存在显著年龄差异，"80后"
　　　　　群体参与文化活动的数量最少。

关键词：　美好生活　文化活动　文化空间

一　引言

习近平总书记在十九大报告中，号召"全党同志一定要永远与人民同
呼吸、共命运、心连心，永远把人民对美好生活的向往作为奋斗目标"，做
出"中国特色社会主义进入新时代，我国社会主要矛盾已经转化为人民日益
增长的美好生活需要和不平衡不充分的发展之间的矛盾"的重大战略判断，
同时提出"满足人民过上美好生活的新期待，必须提供丰富的精神食粮"。不
断满足人民日益增长的美好生活需要，形成有效的社会治理体系，成为中国
当前发展的重要目标。创造美好生活不仅仅要求物质层面的丰富，精神层面

---

* 刘洋洋，山东交通职业学院讲师，中国社会科学院大学博士研究生，研究方向为社会心理学。

建设也同等重要，而文化生活又是精神生活的重要构成。因此，丰富居民的文化生活、鼓励居民参与各类文化活动，是创造美好生活的重要内容。

社会的发展趋势表明，随着生产力的进步、经济的逐步发展和物质生活资料的不断丰富，精神生活的需求也在相应增长。劳动生产率的提高，增加了劳动者的收入，降低了必要劳动时间，增加了闲暇时间，这就使得专门用于学习、娱乐、交往等文化生活的时间增多，随着经济的发展，中国居民的文化活动也日渐丰富。

然而，中国居民各类的文化活动参与程度与参与数量如何？不同群体之间文化活动参与情况是否存在差异？相关文献对此类问题研究颇少。本文主要关注以下几点：（1）中国居民各类文化活动的整体参与情况；（2）不同群体之间文化活动参与的差异性；（3）影响中国居民文化活动参与程度及参与数量的因素；（4）不同年龄群体参与文化活动程度及数量的波动趋势。

二　数据来源与描述

（一）数据来源

本文通过问卷调研 App"问卷宝"，向在线样本库的全国用户（共约 110 万人，覆盖全国 346 座地级城市）推送问卷。本文共获得有效分析样本 9130 份，具有较好的代表性。

（二）自变量

表 1 是对本文自变量的描述性统计，被调查者平均年龄为 30.02 岁，其中，年龄最小的被访者为 9 岁，最大的被访者为 78 岁；男性占总体的 68.38%，女性占 31.62%；中国共产党党员、中国共青团团员、民主党派及群众所占比例分别为 11.63%、32.14%、1.72% 与 54.51%；80.28% 的受访者没有宗教信仰；已婚受访者占总体的 53.52%；有工作的群体占比为 73.75%，学生群体比例为 18.83%；51.29% 的受访者有子女，同时 77.12% 的受访者需要赡养老人；东部地区占到总样本量的一半；认为自己

五年后阶层向下流动的比例较高，占总人数的71.72%，认为自己社会地位向上流动的比例仅为5.09%。

表1 自变量描述性统计

单位：%，份

自变量		占比	样本量
性别	女	31.62	2887
	男	68.38	6243
受教育程度	小学及以下	1.17	107
	初中毕业	5.38	491
	高中(技校、职高、中专)毕业	32.21	2941
	大专(含在读)	22.19	2026
	大学本科(含在读)	34.68	3166
	研究生(含在读)及以上	4.37	399
政治身份	中国共产党党员	11.63	1062
	中国共青团团员	32.14	2934
	民主党派	1.72	157
	群众	54.51	4977
宗教信仰	没有	80.28	7330
	有	19.72	1800
婚姻状况	未婚	46.48	4244
	已婚	53.52	4886
工作状况	没有工作	7.43	678
	有工作	73.75	6733
	学生	18.83	1719
民族	汉族	95.63	8731
	少数民族	4.37	399
是否有子女	有	51.29	4683
	没有	48.71	4447
是否赡养老人	是	77.12	7041
	否	22.88	2089
地区	东部	52.23	4769
	中部	34.36	3137
	西部	13.41	1224
阶层期待	不变	23.19	2117
	向下	71.72	6548
	向上	5.09	465

（三）因变量

本文研究的因变量是问卷中"您平常的文化活动包括以下哪些方面?"其中,"1"表示参与,"0"表示没有参与。表2展示了问卷中12项文化活动的参与情况。具体来看,玩手机是参与率最高的一项,有超过80%的被调查者有玩手机的习惯,人们越来越离不开手机,手机已经从沟通工具演变为一种生活方式;其次是用电脑上网、看电视,参与人数分别占总样本的58.18%与57.80%;排在第四位的是读书,有读书习惯的人所占比例并不高,参与率不足50%;随后依次是看电影、听广播、看报、去KTV唱歌、看演出以及看展览。跳广场舞的参与程度最低,可能与调查样本有关,60周岁以上的老年人占调查总样本的比例不足2%。

表2　各类文化活动参与情况

文化活动	人数(人)	参与率(%)	文化活动	人数(人)	参与率(%)
读书	4390	48.08	看展览	861	9.43
看报	1861	20.38	看演出	979	10.72
听广播	1910	20.92	看电影	3568	39.08
看电视	5277	57.80	跳广场舞	303	3.32
用电脑上网	5312	58.18	去KTV唱歌	1279	14.01
玩手机	7321	80.19	自己组织的文化活动	632	6.92

三　结果分析

（一）不同群体文化活动参与情况

本部分描述了不同人口特征下各类文化活动参与情况（见表3）。在12项文化活动中,除了"玩手机"一项,女性的参与率均高于男性,且男性与女性在玩手机的差异上并不具备统计显著性;不同受教育程度群体之间的

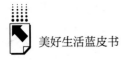

表3 不同人口特征下各类文化活动参与情况

单位：%

自变量		读书	看报	听广播	看电视	用电脑上网	玩手机
性别	男	45.03	19.86	19.61	53.02	56.22	80.46
	女	54.69	21.51	23.76	68.13	62.42	79.6
	卡方值	73.90***	3.30+	20.6***	184.86***	31.13***	0.92
受教育程度	小学毕业及以下	30.84	14.95	23.36	60.75	29.91	57.94
	初中毕业	42.16	20.16	20.16	61.1	38.29	74.95
	高中(技校,职高,中专)毕业	32.85	14.21	18.7	50.12	37.84	82.25
	大专(含在读)	49.21	20.63	22.75	62.69	65.65	79.22
	大学本科(含在读)	61.12	26.12	21.13	61.5	74.64	80.35
	研究生(含在读)及以上	63.16	20.8	26.57	55.39	71.68	80.95
	卡方值	546.01***	135.31***	21.20***	112.22***	1000***	51.07***
政治身份	中国共产党党员	60.73	33.8	26.74	60.64	70.34	73.16
	中国共青团团员	62.34	22.56	20.07	60.05	69.05	80.57
	民主党派	21.66	21.66	38.85	42.68	43.31	49.04
	群众	37.66	16.13	19.58	56.37	49.67	82.48
	卡方值	566.57***	182.15***	58.98***	28.52***	369.01***	145.61***
宗教信仰	有	45.17	22.5	26.33	59.67	56.22	70.94
	没有	48.8	19.86	19.59	57.34	58.66	82.46
	卡方值	7.64**	6.18**	39.71***	3.20+	3.53+	120.52***

续表

自变量		读书	看报	听广播	看电视	用电脑上网	玩手机
婚姻状况	已婚	38.97	19.87	22.76	58.02	50.8	81.46
	未婚	58.6	20.97	18.8	57.51	66.74	78.72
	卡方值	350.37***	1.68	21.48***	0.24	237.04***	10.69***
工作状况	学生	71.03	21.12	16.52	57.53	67.19	82.49
	有工作	43.56	20.56	21.65	58	57.64	80.66
	没有工作	34.81	16.81	24.78	56.49	40.71	69.62
	卡方值	465.58***	6.01*	28.40***	0.63	143.22***	54.37***
民族	汉族	48.1	20.2	20.73	58.03	58.19	80.77
	少数民族	47.62	24.31	25.06	52.63	57.89	67.42
	卡方值	0.036	3.96*	4.32*	4.56*	0.014	42.80***
是否有子女	有	37.48	19.69	22.51	56.76	48.26	80.2
	没有	59.25	21.12	19.25	58.89	68.63	80.17
	卡方值	433.34***	2.86＋	14.63***	4.26*	389.03***	0.00
是否赡养老人	是	46.33	20.71	21.29	58.26	57.28	80.7
	否	54	19.29	19.67	56.25	61.23	78.46
	卡方值	37.95***	1.99	2.54	2.67	10.30***	5.08*
地区	东部	50.14	22.39	24.26	62.97	64.48	79.18
	中部	40.07	15.24	15.97	49	46.25	83.36
	西部	60.39	25.8	20.91	60.23	64.17	75.84
	卡方值	162.63***	85.07***	78.74***	154.87***	279.09***	37.36***

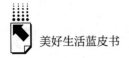

续表

自变量		看电影	看展览	看演出	跳广场舞	去KTV唱歌	自己组织的文化活动
性别	男	36.68	8.87	9.58	2.59	13.29	6.57
	女	44.27	10.63	13.2	4.88	15.55	7.69
	卡方值	47.72***	7.15***	26.99***	32.23***	8.35***	3.85*
受教育程度	小学毕业及以下	19.63	4.67	2.8	14.02	9.35	7.48
	初中毕业	27.09	4.48	4.68	5.91	9.16	4.89
	高中（技校、职高、中专）毕业	24.21	5.92	5.88	3.06	9.45	4.66
	大专（含在读）	41.51	9.72	10.02	3.11	14.86	7.35
	大学本科（含在读）	51.8	12.29	15.7	2.91	17.81	8.69
	研究生（含在读）及以上	55.39	18.55	20.05	3.51	20.3	9.77
	卡方值	584.61***	128.70***	216.86***	51.04***	114.55***	47.51***
政治身份	中国共产党党员	46.42	13.56	16.76	3.48	15.73	9.04
	中国共青团团员	52.66	11.49	13.5	3.34	19.5	8.73
	民主党派	18.47	8.92	7.64	5.1	9.55	5.1
	群众	30.13	7.33	7.87	3.23	10.49	5.45
	卡方值	445.91***	61.51***	107.74***	1.75	129.46***	39.72***
宗教信仰	有	36.56	11.83	11	4.89	15.94	6.93
	没有	39.7	8.84	10.65	2.93	13.53	6.89
	卡方值	6.00*	15.15***	0.18	17.22**	6.97**	0.00

续表

自变量		看电影	看展览	看演出	跳广场舞	去 KTV 唱歌	自己组织的文化活动
婚姻状况	已婚	30	8.17	9.01	3.77	9.39	5.77
	未婚	49.56	10.9	12.72	2.81	19.3	8.26
	卡方值	364.70***	19.83***	32.61***	6.49*	184.93***	21.74***
工作状况	学生	51.66	10.88	12.68	3.37	18.85	9.89
	有工作	37.15	9.49	10.74	2.87	13.22	6.15
	没有工作	26.4	5.16	5.6	7.67	9.59	7.08
	卡方值	170.59***	18.70***	25.44***	44.30***	47.90***	29.76***
民族	汉族	38.9	9.36	10.69	3.26	13.9	6.77
	少数民族	43.11	11.03	11.53	4.51	16.29	10.28
	卡方值	2.84+	1.24	0.28	1.84	1.80	7.28***
是否有子女	有	27.74	7.64	8.43	4.16	8.71	5.49
	没有	51.02	11.31	13.13	2.43	19.59	8.43
	卡方值	519.44***	35.89***	52.58***	21.40***	223.89***	30.69***
是否有赡养老人	是	37.27	9.35	10.47	3.39	13.19	6.39
	否	45.19	9.72	11.58	3.06	16.75	8.71
	卡方值	42.46***	0.26	2.10	0.54	16.95***	13.47***
地区	东部	43.07	11.01	12.81	3.67	14.95	7.46
	中部	31.08	7.04	7.97	3.12	11.73	5.55
	西部	43.88	9.37	9.7	2.47	16.19	8.3
	卡方值	128.00***	34.82***	47.89***	4.96+	21.81***	14.98***

注: * 表示 $p < 0.05$, ** 表示 $p < 0.01$, *** 表示 $p < 0.001$, + 表示 $p < 0.1$。

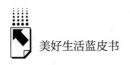

文化活动参与情况差异十分明显，且都具有统计上的显著性；宗教信仰不是造成文化活动参与情况有差异的显著因素，已婚和未婚群体在大部分项目上是有明显差异的；从工作状况看，除了在"看电视"上没有显著性差异外，其余的项目均呈现显著性差异。

是否有子女对玩手机没有显著影响，其余项目在两个群体之间则有明显的差异，除了在"听广播"和"跳广场舞"两个活动上，有子女的群体的参与率高于没有子女的群体以外，没有子女的群体在其他活动的参与率均高于有子女的群体；从地区角度看，各类活动大部分呈现东部地区和西部地区参与率较高、中部地区参与率较低的趋势，但东部地区与中部地区的差异不明显。

（二）文化活动因子分析及描述

由于各类文化项目过多（12项），即使本文对每一项活动都做描述，也很难把握各类文化活动与影响因素之间的关系。因此，本部分采用因子分析方法，对各项文化活动进行降维处理，采用主成分因子分析法对12项文化活动提取因子，并采用Kaiser正态最大方差法进行因子旋转，KMO检验统计量=0.738，Bartlett球形检验$p < 0.001$，因此，可以使用因子分析。最终有三个公因子特征根高于1，因此，本文保留三个公因子，三个公因子解释了总方差的43%（见表4）。

表4　因子旋转结果

公因子	特征根	总方差解释
Factor 1	2.47646	0.2064
Factor 2	1.44605	0.3269
Factor 3	1.19045	0.4261

表5是旋转后的因子载荷，其中，读书在公因子1和公因子2上均有较高载荷，但考虑到解释方便性，本文将其列入公因子3。看电视、用电脑上网、玩手机及看电影在公因子1上载荷较高，以上四类均以娱乐消遣为主，

因此，本文将公因子1命名为"娱乐活动"；看展览、看演出、跳广场舞、去 KTV 唱歌以及自己组织的文化活动在公因子2上载荷较高，将其命名为"文体活动"；读书、看报、听广播在公因子3上载荷较高，将其命名为"学习活动"。

表5　旋转后的因子载荷

文化活动	公因子1	公因子2	公因子3
读书	0.5818	0.0419	0.4171
看报	0.2167	0.0764	0.7347
听广播	− 0.0315	0.1361	0.6341
看电视	0.5509	− 0.0289	0.1266
用电脑上网	0.6407	0.0858	0.0586
玩手机	0.4773	− 0.0159	− 0.43
看展览	0.0149	0.6337	0.1859
看演出	0.1986	0.6736	0.0472
看电影	0.6686	0.2835	− 0.1558
跳广场舞	− 0.1372	0.4936	0.0993
去 KTV 唱歌	0.359	0.4905	− 0.1763
自己组织的文化活动	0.0948	0.5139	0.0288

（三）不同人口特征下因子平均值差异分析

在将 12 项文化活动提取三个因子后，本文对不同人口特征下因子平均值差异进行了检验，如表6所示。女性在三种活动中的参与程度均高于男性；中国共产党党员及中国共青团团员在三个领域中的参与程度高于群众；有宗教信仰的群体在娱乐活动方面的参与程度低于没有宗教信仰的群体，但在文体活动及学习活动领域的参与程度又高于后者；已婚群体娱乐活动的参与程度明显降低，但文体活动的参与程度高于未婚群体；学生在三种活动中参与程度最高；汉族群体在娱乐活动方面的参与程度高于少数民族群体，但是在文体活动和学习活动方面的参与程度则低于后者；有子女的群体

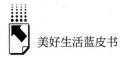
表6 不同人口特征下因子平均值差异

自变量		娱乐活动		文体活动		学习活动	
		平均值（分）	t/F值	平均值（分）	t/F值	平均值（分）	t/F值
性别	女	0.149	9.75***	0.06	3.95***	0.08	5.56***
	男	-0.06		-0.02		-0.03	
受教育程度	小学毕业及以下	-0.68	193.43***	0.08	24.29***	0.12	24.17***
	初中毕业	-0.28		-0.14		0.05	
	高中（技校、职高、中专）毕业	-0.37		-0.11		-0.16	
	大专（含在读）	0.1		-0.01		0.03	
	大学本科（含在读）	0.31		0.09		0.1	
	研究生（含在读）及以上	0.25		0.31		0.07	
政治身份	中国共产党党员	0.18	189.86***	0.12	27.1***	0.34	71.55***
	中国共青团团员	0.28		0.09		0.03	
	民主党派	-0.76		0.06		0.36	
	群众	-0.18		-0.08		-0.1	
宗教信仰	有	-0.11	5.67***	0.09	-4.44***	0.15	-7.13***
	没有	0.02		-0.02		-0.03	
婚姻状况	已婚	-0.17	18.19***	0.07	6.75***	0.001	-0.08
	未婚	0.2		-0.06		-0.001	
工作状况	没有工作	-0.42	155.81***	-0.01	5.04**	0.05	1.48
	有工作	-0.03		-0.02		-0.01	
	学生	0.31		0.06		0.01	

续表

自变量		娱乐活动 平均值(分)	t/F值	文体活动 平均值(分)	t/F值	学习活动 平均值(分)	t/F值
民族	汉族	0.01	-2.24*	-0.01	3.06**	-0.01	3.29***
	少数民族	-0.1		0.15		0.16	
是否有子女	有	-0.23	23.88***	-0.07	7.19***	0.004	-0.44
	没有	0.24		0.07		-0.004	
是否赡养老人	是	-0.02	4.33***	-0.01	2.78**	0.01	-0.9
	否	0.08		0.05		-0.01	
地区	东部	0.1	119.24***	0.04	12.68***	0.07	78.99***
	中部	-0.21		-0.06		-0.17	
	西部	0.16		-0.03		0.15	
阶层期待	向下	0.2	573.02***	0.05	44.99***	0.04	48.46***
	不变	-0.49		-0.17		-0.18	
	向上	-0.69		0.01		0.16	

注：* 表示 $p < 0.05$，** 表示 $p < 0.01$，*** 表示 $p < 0.001$，+ 表示 $p < 0.1$。

191

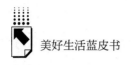

的娱乐活动和文体活动参与程度均低于没有子女的群体，但是其学习活动的参与程度更高；赡养老人降低了群体参与娱乐活动和文体活动的可能性，但对于学习活动没有影响；中部地区群体的各种活动参与程度明显低于东部和西部地区群体。

（四）对于文化活动的实证分析

课题组对娱乐活动、文体活动以及学习活动进行分层模型分析。首先看娱乐活动（用电脑上网、看电视、看电影、玩手机），在控制其他变量以后，性别因素依然显著，女性参与娱乐活动的程度要高于男性；受教育程度越高的群体，其参与娱乐活动的程度也越高；已婚群体的参与程度低于未婚群体；有宗教信仰的群体参与娱乐活动的程度明显低于没有宗教信仰的群体；民主党派及群众参与娱乐活动的程度低于中国共产党党员和中国共青团团员；学生参与娱乐活动的程度最高，其次是有工作的群体，没有工作的群体参与程度最低；有子女会降低娱乐活动的参与程度；中部地区群体娱乐活动参与程度明显低于东部地区群体和西部地区群体。

其次看文体活动（看展览、看演出、去 KTV 唱歌、跳广场舞、自己组织的文化活动），男性参与程度依旧低于女性；有宗教信仰的群体参与程度较高；少数民族群体参与文体活动更多，可能是因为少数民族有更多的民俗文化活动；东部地区群体参与程度明显高于西部和中部地区群体。

最后看学习活动（读书、看报、听广播），有宗教信仰的群体参与程度较高；中国共青团团员及群众的参与程度较低；有子女及有老人需要赡养的群体会提高学习活动参与程度；中部地区群体文化活动参与程度低于东部地区群体和西部地区群体；认为自己五年后阶层向下或者向上流动的群体，其学习活动参与程度均高于认为自己阶层不变的群体，其中，认为向上流动的群体参与程度最高。

图 1 是控制了其他变量后，不同年龄群体参与文化活动的随机系数。首先看娱乐活动，娱乐活动呈现随着年龄增长而持续下降的趋势，其中，18

岁及以下的群体娱乐活动参与程度最高，而在39～43岁之后，参与程度持续下降，到60岁以后参与程度降到最低。

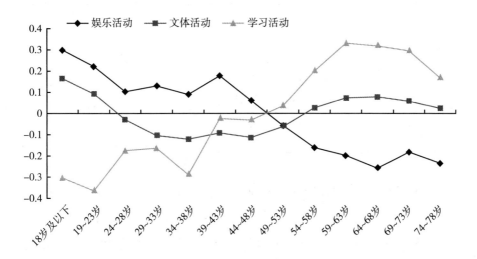

图1 不同年龄群体参与文化活动的随机系数

学习活动与娱乐活动趋势完全相反，呈现年龄越大、参与程度越高的趋势，其中，19～23岁群体跌入低谷，而59～63岁群体呈现最高峰。文体活动则出现了两头高中间持续走低的"U"形曲线，18岁及以下的群体参与程度最高，而后从19～23岁开始持续缓慢走低，从49～53岁开始逐渐升高。

（五）影响文化活动参与人数的因素分析

本部分将对影响文化活动参与人数的因素进行描述和分析，如表7所示。在12项文化活动中，一项都没参与的人数最少，仅有6人；参与10项以上的人数也较少，大部分人集中在1～5项，那么哪些因素会影响人们参与文化活动的数量呢？本部分因变量是非负计数变量，因此，采用泊松模型进行分析，同时本文意图观测不同年龄群体的参与变化趋势，因此，采用分层泊松模型，分层泊松模型与分层线性模型相同，只不过因变量为计数变量。

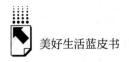
表7　调查样本参与文化活动的数量

参与数量（项）	参与人数（人）	参与数量（项）	参与人数（人）
0	6	7	422
1	1546	8	192
2	1387	9	110
3	1650	10	60
4	1611	11	32
5	1275	12	23
6	816	—	—

　　课题组对影响被调查者文化活动参与数量的因素进行分析。男性参与数量略少于女性；受教育程度越高，受访者参与文化活动的数量越多，其中，受教育程度在研究生（含在读）及以上学历的群体参与文化活动的数量是小学毕业及以下群体的1.4倍；已婚群体、中国共产党党员更易参加更多的文化活动。

　　有工作的群体和学生群体参与文化活动的数量高于没有工作的群体，其中，学生参与文化活动的数量最多；有子女会降低受访者参与文化活动的数量，但是如果有需要赡养的老人，受访者会增加文化活动参与数量；中部地区群体参与文化活动的数量明显低于东部地区群体；从阶层期待看，认为自己所处的阶层会向下流动的群体参与文化活动的数量最多，而认为自己所处的阶层会向上流动的群体参与文化活动的数量最少。

　　为了直观展示年龄群体的波动趋势，课题组用图形来表示年龄群体的随机系数，图2是不同年龄群体参与文化活动的平均数量及控制其他自变量后的随机系数。在控制了其他变量后，不同年龄群体的随机系数和平均数量的波动具有大致相同的趋势，但仍有差异。从随机系数看，最高峰出现在18岁及以下的群体，低谷出现在34~38岁群体；但是在39~43岁时又出现了一个小高峰，随后逐渐下降，到74~78岁（"40后"）时再次跌入低谷。

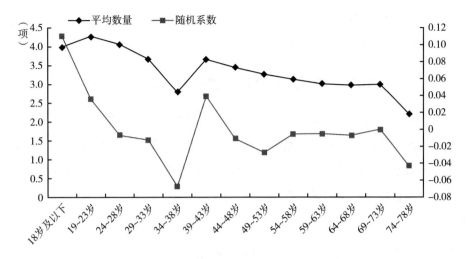

图 2　不同年龄群体参与文化活动的平均数量及随机系数

四　结论与讨论

（一）文化活动参与程度较高，不同项目差异明显

通过本文分析，在所有调查人员中，一项都不参与的被调查者只有 6 人，绝大部分被调查者参与文化活动的数量集中在 1～5 项。但各类项目的参与率相差悬殊，其中，"玩手机"一项高达 80.19%，而"读书"则仅为 48.08%；另外，"看电视"和"用电脑上网"的参与率超过 50%，其余项目参与率均不足一半。娱乐消遣类的文化活动参与率明显高于学习类的文化活动。

（二）不同文化活动的参与程度存在显著年龄差异

娱乐活动呈现年龄越小，参与程度越高的趋势。18 岁及以下群体的娱乐活动参与程度最高，随着年龄增长，娱乐活动的参与程度也在降低，从 44～48 岁开始，娱乐活动参与程度出现断崖式下跌；学习活动（读书、看报、听广播）则呈现相反的趋势，随着年龄的增长，中年及老年群体的参

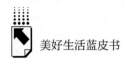

与程度比较高，不过到了 60 岁以后，学习活动参与程度也在缓慢下降；文体活动则呈现中间低、两头高的趋势。

（三）"80后"群体参与文化活动的数量最少

从文化活动参与数量上看，34 ~ 38 岁（"80 后"）群体出现了断崖式下跌，是所有年龄群体中参与数量最少的。目前，"80 后"群体正处于"上有老、下有小"的人生阶段，且是中国社会建设的主要群体，该群体的文化活动参与程度偏低值得进一步研究。

五 对策与建议

（一）积极倡导学习型文化活动

中国居民文化活动参与程度虽高，但是主要集中在娱乐活动。玩手机、用电脑上网、看电视等娱乐活动成为参与率最高的活动，而读书、看报、听广播等学习活动参与程度偏低，尤其是 23 岁及以下群体在学习活动中的参与程度明显偏低，这样既不利于构建"学习型"社会，也不利于国民文化水平的整体提高。因此，国家和社会应大力倡导居民参与读书等学习活动，形成良好的社会风气，切实提高国民整体文化水平。

（二）提高"80后"群体的生活质量

"80 后"群体在参与文化活动的数量上明显偏低。而该群体又正值"上有老、下有小"的人生阶段，同时也是事业上升时期，更是充当中国社会建设的主力军。事业上升期以及家庭压力可能是导致该群体文化活动参与数量最低的主要因素。因此，社会应多关注"80 后"群体，鼓励其参与文化活动，同时也应从各种社会政策上对该群体有所偏向，缓解其生活压力，提高其生活质量。

参考文献

王岩、秦志龙：《满足人民美好精神文化生活新期待》，《红旗文稿》2018 年第 18 期。

王俊秀：《网络时代与"手机自我"》，《人民论坛》2019 年第 11 期。

颜晓峰：《满足人民美好精神生活需要的高质量发展》，《南通大学学报》（社会科学版）2019 年第 1 期。

王济川、谢海义、姜宝法：《多层统计分析模型——方法与应用》，高等教育出版社，2008。

B.11
手机与社交软件的使用及其
对幸福感的影响

周迎楠*

摘　要：　随着移动网络的发展和智能手机的迅速普及，手机已成为目
前最大的网络使用终端。手机与社交软件的使用越来越成为
人们生活中不可或缺的一部分。本研究以使用手机消费情况、
使用社交软件记录生活为例，通过调查探究了中国民众的手
机和社交软件的使用情况及其对幸福感的影响。调查结果显
示，绝大多数调查对象在不同程度上会利用手机消费，且接
近比较熟练的水平；绝大多数调查对象表示会使用一些社交
软件记录自己的生活，其中，微信、QQ 和新浪微博的使用率
最高；在控制了人口学变量的影响后，调查对象使用手机消
费的情况和使用社交软件记录生活的情况能够显著正向预测
其幸福感；调查对象使用社交软件记录生活的各种特征（如
发布记录的数量、记录方式、使用的社交软件等）对其幸福
感也有一定的影响。

关键词：　手机　社交软件　生活服务　记录生活　幸福感

一　引言

随着移动网络的发展和智能手机的迅速普及，手机已成为目前最大的

---

* 周迎楠，中国社会科学院大学博士研究生，研究方向为社会心理学。

网络使用终端。中国互联网络信息中心（CNNIC）的数据显示，中国手机网民数量飞速增长，截至2018年12月，中国手机网民数量达8.17亿。手机即时通信（如微信、QQ等）用户达7.80亿人，占手机网民的95.5%；手机网络购物用户达5.92亿人，占手机网民的72.5%；手机网上支付用户达5.83亿人，占手机网民的71.4%。在社交软件方面，截至2018年12月，微信、QQ、新浪微博的使用率分别为83.4%、58.8%和42.3%。对于网络社交用户而言，手机是最主要的使用设备，微信由于其功能设置，仅能在手机、平板电脑上查看，用户在手机端使用的比例为100%；而QQ、新浪微博在手机端的使用比例均在85%以上，在台式电脑、笔记本电脑端的使用比例分别在20%、15%；从使用功能上看，QQ、新浪微博和微信的用户主要使用"看朋友发表的动态/微博""分享/转发信息""发布/更新状态"等功能。可见，手机与社交软件的使用越来越成为人们生活中不可或缺的一部分，而在使用功能方面，利用手机消费（如办理转账、购票、挂号等）和记录生活（如发布文字、图片、视频等）是其中很重要的一部分，对这两个使用功能的情况进行调查，有利于了解中国民众手机和社交软件的使用情况。

面对手机和社交软件的不断普及，国内很多学者从其危害的角度展开研究，如祝阳、方国阳和王苏君探讨了微信社交依赖对大学生社交焦虑的影响；刘振声以大学生微博依赖为例，探讨了社交媒体依赖与媒介需求的关系；刘勤学等人从概念、测量及影响因素方面对智能手机成瘾进行了较为全面的综述；黄含韵探究了中国青少年社交媒体使用与沉迷现状；周芳等人探讨了青少年消极情绪对网络成瘾的影响。关于手机与社交软件的使用，学者们更多的是从手机依赖、媒体依赖和沉迷、网络成瘾等消极方面进行探讨，较少研究手机与社交软件可能带来的积极影响。本研究从积极的角度出发，试图探讨手机与社交软件的使用是否会使人们感到更加幸福。

关于社交软件使用与幸福感的关系，国外研究得出了不同的结论，一些研究揭示了社交软件使用的积极作用，如增加社会支持、减少孤独

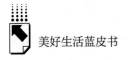

感、提高生活质量等；而另一些研究探讨了其消极影响，如幸福感下降、嫉妒和抑郁增加等。西方学者对 2004～2015 年关于社交网站和社会支持的研究进行了总结回顾，发现多数研究结果表明，花更多的时间在社交网站上，有更多的网友或者使用社交网站的各种功能，都能增加个体感知和获得社会支持，进而减少压力、增强个体的身体健康和主观幸福感。然而 Facebook 等社交软件的使用也可能对个体的幸福感造成消极影响，观看在网络上播放的社交内容可能将用户的注意力吸引到他们不参与的社交互动上，诱发他们的孤独感；另外，被动的观察可能激发上行社会比较，进而降低个体的幸福感。可见，手机和社交软件的使用对个体的影响因使用功能、使用目的、使用方式等而异。本研究以使用手机消费情况、使用社交软件记录生活为例，探究手机和社交软件的使用对幸福感的影响。

幸福生活是人类发展的终极目标，也是中国构建社会主义和谐社会的根本追求。幸福感的研究主要存在两种取向——主观幸福感（Subjective well - being，SWB）和心理幸福感（Psychological well - being，PWB）。主观幸福感是指评价者根据自定的标准对其生活质量的整体性评估，它是衡量个人生活质量的重要综合性心理指标。主观幸福感有三个经典的评价指标：积极情绪、消极情绪、生活满意度。主观幸福感以快乐论为理论基础，只注重其主观形式而忽略了其客观内容，只强调快乐的主观体验，而忽视了人的主观能动性、生命意义与潜能发挥，未能全面反映幸福感。心理幸福感的哲学渊源是亚里士多德的实现论，认为幸福并不只是情感上的体验，而应更关注个人潜能的实现。彼得森等以快乐论、自我实现论和流畅感理论为基础，提出了三种幸福取向：享乐导向、意义导向和投入导向，认为人们对幸福的追求不仅包含享乐，同时也包括追求有意义的生活，并为之投入。为了更为全面地理解手机和社交软件的使用对幸福感的影响，本研究以主观幸福感的三个维度（积极情绪、消极情绪、生活满意度）和幸福取向的三个维度（享乐导向、意义导向和投入导向）作为幸福感的衡量指标。

综上所述，本研究以使用手机消费情况、使用社交软件记录生活为例，调查中国大众的手机和社交软件的使用情况，并探究其对幸福感的影响。

二 研究方法

（一）样本选取

本研究通过问卷调研 App "问卷宝"进行全国调查，共计 9130 人完成调查。根据研究变量"平均每周发布记录的数量"（"您平均每周发布多少条记录？包括文字、图片、视频等"）剔除高分端 5% 的极端值，剔除 18 岁以下被调查对象，获得有效数据共 8251 份。其中，男性 5523 人（66.9%），女性 2728 人（33.1%）；年龄范围为 18 ~ 78 岁，平均年龄为 30.96 岁（SD = 9.72）。

（二）测量工具

1. 手机和社交软件使用情况问卷调查

问卷包含如下内容：

（1）利用手机消费的情况：您会用手机办理转账、购票、挂号吗？采用 5 级评分，1 分 = 完全不会；2 分 = 基本不会；3 分 = 稍懂一点、不熟练；4 分 = 比较熟练；5 分 = 非常熟练。

（2）利用社交软件记录生活的情况，包含如下问题：

①您是否会使用一些社交软件记录自己的生活，如发布文字、图片、视频？

②您会使用哪些方式记录自己的生活（文字、图片、视频、直播、其他）？

③您会使用哪些社交软件记录自己的生活（微信、新浪微博、QQ、抖音、腾讯微视、美拍、秒拍、火山小视频、快手、西瓜视频、Facebook、Instagram、Snapchat、Flickr、Twitter、其他）？

④您平均每周发布多少条记录？包括文字、图片、视频等。

2. 生活满意度量表

课题组采用爱德华·达纳等人编制的生活满意度量表。该量表包括5个题目（如："我满意自己的生活""即使生活可以从头再来，我也没什么想要改变的"），采用7点计分（1分＝非常不同意，7分＝非常同意）。计算各题项的平均值，作为生活满意度的指标。在本研究中，该量表的内部一致性系数为0.90。

3. 情绪评定量表

采用课题组编制的情绪评定量表，测量个体的情绪体验。该量表让调查对象对日常生活中两种情境（上班/上学、在家）下的几种基本情绪（愉快或享受、平静或轻松、生气或愤怒、担忧或害怕、伤心或悲哀、反感或厌恶）进行评估，采用7点计分对过去一年中相应情绪的发生频率进行评估（1分＝从来没有，7分＝总是），分别计算积极情绪和消极情绪各题目的平均值，作为两种情绪体验的指标。在本研究中，积极情绪和消极情绪两个维度的内部一致性系数分别为0.82和0.92。

4. 幸福导向量表

课题组采用彼得森等编制的幸福导向量表。该量表共18个题目，包含享乐导向（如"人生苦短，应及时行乐"）、意义导向（如"人生就要追求更高的目标"）和投入导向（如"不管我做什么，我都全心投入，感觉时间过得很快"）三个维度，每个维度包含6个题目，采用7点计分（1分＝完全不同意，7分＝完全同意）。计算每个维度各题目的平均值，作为该维度的指标。在本研究中，享乐导向、意义导向和投入导向三个维度内部一致性系数分别为0.82、0.85和0.86。

三 研究结果

（一）利用手机消费的情况

如图1所示，在调查对象中，选择"完全不会"的有101人，占比达1.2%；选择"基本不会"的有379人，占比为4.6%；选择"稍懂一点、不熟练"的有 1851 人，占比为 22.4%；选择"比较熟练"的有 3829 人，占比达 46.4%；选择"非常熟练"的有 2091 人，占比为 25.3%。从平均值来看，所有调查对象的平均值为 3.90 分（$SD = 0.87$）。男性的平均值为 3.91 分（$SD = 0.85$），女性的平均值为 3.88 分（$SD = 0.91$），男性的平均值略高于女性，但没有显著性差异（$t = 1.61$，$p = 0.107$）。调查结果表明，大多数调查对象都会在不同程度上利用手机消费，平均水平接近"比较熟练"，且不存在显著的性别差异。

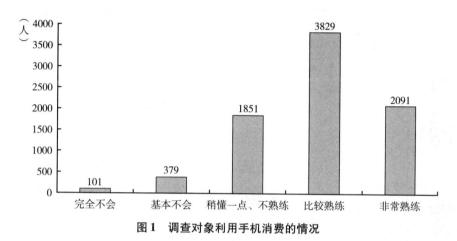

图 1　调查对象利用手机消费的情况

不同年龄群体的调查对象利用手机消费的情况的平均值见图 2，21~30 岁的调查对象得分最高，其次是 31~40 岁、20 岁及以下和 41~50 岁的调查对象，51~60 岁和 61 岁及以上的调查对象得分最低。

不同受教育程度的调查对象利用手机消费的情况的平均值见图 3，受教育程度在研究生（含在读）及以上的调查对象得分最高，其次是大学本科（含在读）、大专（含在读）和高中（技校、职高、中专）毕业的调查对象，初中毕业和小学毕业及以下学历的调查对象得分最低，表明受教育程度越高，利用手机消费的熟练程度越高。

不同月收入的调查对象利用手机消费的情况的平均值见图 4，月收入在 10001~15000 元的调查对象得分最高，其次是月收入在 15000 元以上、7001~10000 元、5001~7000 元和 3001~5000 元的调查对象，月收入在 1001~3000 元和 1000 元及以下的调查对象得分最低。

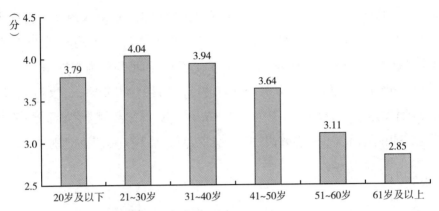

图2 不同年龄群体的调查对象利用手机消费的情况的平均值

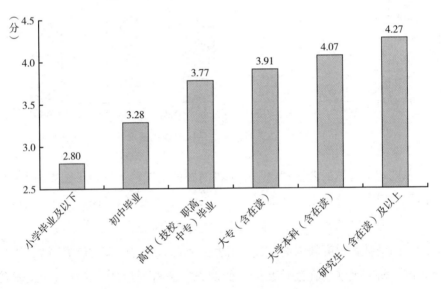

图3 不同受教育程度的调查对象利用手机消费的情况的平均值

（二）利用社交软件记录生活情况

1. 是否会利用社交软件记录生活

课题组选择会使用一些社交软件记录自己的生活（如发布文字、图片、视频等）的调查对象。总共6249人，占比75.7%，其中，男性3933人，

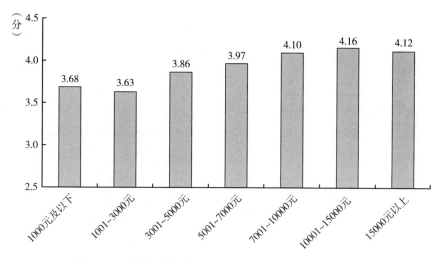

图4　不同月收入的调查对象利用手机消费的情况的平均值

女性2316人；选择不会使用社交软件记录自己的生活的调查对象有2002人，占比24.3%，其中，男性1590人，女性412人。结果显示，75%左右的调查对象都会使用社交软件记录自己的生活，年龄在30岁及以下的调查对象利用社交软件记录生活的比例最高，其次是年龄在41~50岁的调查对象，其他年龄阶段的调查对象利用社交软件记录生活的比例相对较低；受教育程度在大专（含在读）及以上的调查对象利用社交软件记录生活的比例较高，而高中（技校、职高、中专）毕业及以下的调查对象占比相对较低；月收入在7000元以上的调查对象利用社交软件记录生活的比例较高，月收入为7000元及以下的调查对象占比则相对较低。

2. 使用社交软件记录生活的方式

在会使用社交软件记录生活的调查对象中，其使用的记录方式见表1和图5，调查对象使用图片记录生活的人数最多，其次是文字和视频，使用直播的人数较少。从性别来看，使用图片和文字方式记录生活的女性所占比例高于男性，而使用视频和直播方式记录生活的男性所占比例高于女性。在几种记录方式中，只使用其中1种的有1820人，占比29.1%；使用其中2种的有1787人，占比28.6%；使用3种以上的有2642人，占比42.3%。调

表1 调查对象使用社交软件记录生活的方式和使用的社交软件

变量	类别	总人数（N=6249）		男性（N=3933）		女性（N=2316）	
		人数（人）	占比（%）	人数（人）	占比（%）	人数（人）	占比（%）
使用社交软件记录生活的方式	文字	4373	70.0	2649	67.4	1724	74.4
	图片	4869	77.9	3008	76.5	1861	80.4
	视频	3806	60.9	2415	61.4	1391	60.1
	直播	489	7.8	341	8.7	148	6.4
	其他	29	0.5	24	0.6	5	0.2
所使用的社交软件	微信	5314	85.0	3260	82.9	2054	88.7
	新浪微博	2448	39.2	1474	37.5	974	42.1
	QQ	3505	56.1	2262	57.5	1243	53.7
	抖音	1673	26.8	1073	27.3	600	25.9
	腾讯微视	736	11.8	491	12.5	245	10.6
	美拍	511	8.2	251	6.4	260	11.2
	秒拍	284	4.5	177	4.5	107	4.6
	火山小视频	428	6.8	258	6.6	170	7.3
	快手	618	9.9	399	10.1	219	9.5
	西瓜视频	154	2.5	88	2.2	66	2.8
	Facebook	154	2.5	101	2.6	53	2.3
	Instagram	119	1.9	57	1.4	62	2.7
	Snapchat	37	0.6	26	0.7	11	0.5
	Flickr	43	0.7	30	0.8	13	0.6
	Twitter	114	1.8	83	2.1	31	1.3
	其他	54	0.9	38	1.0	16	0.7

查对象平均使用 2.17 种（$SD = 0.90$）记录方式，其中，男性平均使用 2.14
种（$SD = 0.90$）记录方式，女性平均使用 2.21 种（$SD = 0.89$）记录方式，
女性显著高于男性，$t = -3.14$，$p < 0.01$。

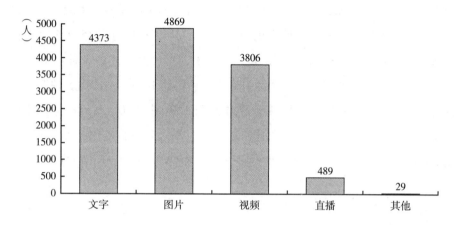

图 5　调查对象使用社交软件记录生活的方式

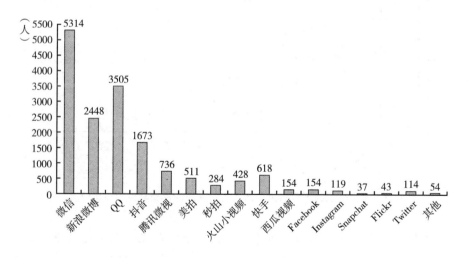

图 6　调查对象记录生活所使用的社交软件

3. 记录生活所使用的社交软件

在会使用社交软件记录生活的调查对象中，其使用的社交软件见表 1 和
图 6，其中，微信的使用人数最多，其次是 QQ，再次是新浪微博；抖音、

腾讯微视、快手、美拍、火山小视频、秒拍等也有一定的使用人数；西瓜视频、Facebook、Instagram、Twitter、Flickr 和 Snapchat 的使用人数较少。从性别来看，在使用人数最多的 8 种社交软件中，使用微信、新浪微博、美拍和火山小视频的女性比例高于男性，使用 QQ、抖音、腾讯微视和快手的男性比例高于女性（见图 7）。在 15 种应用中，只使用其中 1 种的有 1549 人，占比 24.8%；使用其中 2 种的有 1962 人，占比 31.4%；使用其中 3 种的有 1505 人，占比 24.1%；使用其中 4 种的有 675 人，占比 10.8%；使用 5 种及以上的有 558 人，占比 8.9%。调查对象平均使用 2.59 种（$SD = 1.57$）应用来记录自己的生活，其中，男性平均使用 2.55 种（$SD = 1.57$）应用，女性平均使用 2.64 种（$SD = 1.59$）应用，女性显著高于男性（$t = -2.11$，$p < 0.05$）。

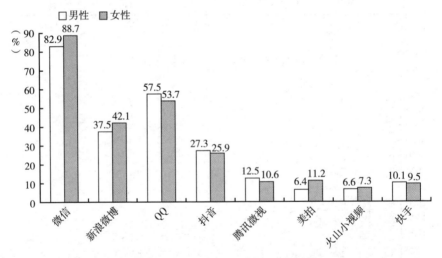

图 7 不同性别的调查对象记录生活所使用的社交软件的占比情况

对使用人数最多的三种社交软件（微信、QQ 和新浪微博）进行进一步的人口学分析（包括年龄、受教育程度、月收入）。从年龄来看，不同年龄群体使用微信的比例都在 70% 以上，其中，61 岁及以上的调查对象所占比例相对较低；20 岁及以下的调查对象使用 QQ 的比例最高，51～60 岁和 61 岁及以上的调查对象使用 QQ 的占比相对较低；21～30 岁和 31～40 岁的调查对象使用新浪微博的比例较高，其余年龄群体使用新浪微博的占比相对较低（见图 8）。

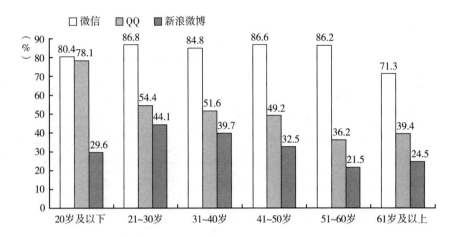

图8 不同年龄群体的调查对象使用微信、QQ和新浪微博的占比情况

从受教育程度来看，不同受教育程度的调查对象使用微信的比例都在75%以上，其中，受教育程度为小学毕业及以下的调查对象所占比例相对较低；受教育程度为研究生（含在读）及以上的调查对象使用QQ的比例相对较低；受教育程度为研究生（含在读）及以上的调查对象使用新浪微博的比例最高。总体呈现受教育程度越高、受访者使用新浪微博的比例越高的趋势（见图9）。

从月收入看，不同月收入的调查对象使用微信的比例都在78%以上，其中，月收入在1000元及以下的调查对象使用微信的比例相对较低；月收入在1000元及以下的调查对象使用QQ的比例最高，总体呈现月收入越高、使用QQ的比例越低的趋势；月收入在10001~15000元的调查对象使用新浪微博的比例最高，总体呈现月收入越高、使用新浪微博的比例越高的趋势（见图10）。

4. 平均每周发布记录的数量

对会使用社交软件记录生活的调查对象平均每周发布记录的数量进行调查，结果发现，调查对象平均每周发布6.27条（$SD=6.35$）记录，且男性和女性平均每周发布的记录没有差异（男性，$M=6.27$，$SD=6.30$；女性，$M=6.27$，$SD=6.44$）。对平均每周发布记录的数量进行进一步的人口学分析，从

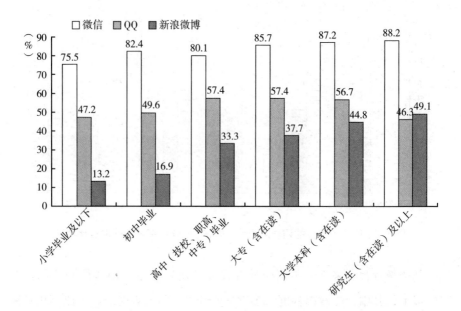

图9　不同受教育程度的调查对象使用微信、QQ 和新浪微博的占比情况

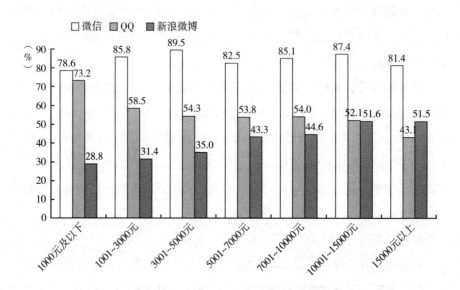

图10　不同月收入的调查对象使用微信、QQ 和新浪微博的占比情况

年龄来看，年龄在41~50岁的调查对象平均每周发布记录的数量最多，其次是61岁及以上和21~30岁、31~40岁的调查对象，再次是20岁及以下的调查对象，51~60岁的调查对象平均每周发布记录的数量最少（见图11）。

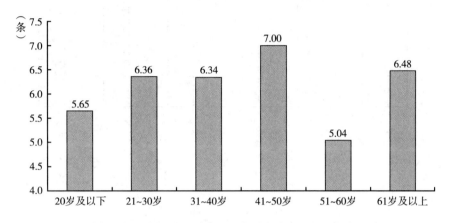

图11　不同年龄群体的调查对象平均每周发布记录的数量

从受教育程度来看，受教育程度在研究生（含在读）及以上的调查对象平均每周发布记录的数量最少，其他受教育程度的调查对象平均每周发布记录的数量相对较多（见图12）。

从月收入来看，月收入在15000元以上的调查对象平均每周发布记录的数量最多，月收入在1000元及以下的调查对象平均每周发布记录的数量最少，总体呈现月收入水平越高、平均每周发布记录的数量越多的趋势（见图13）。

（三）手机与社交软件的使用对幸福感的影响

本研究中，调查对象的生活满意度平均值为4.40分（$SD = 1.24$），高于理论中值（4分），表明调查对象具有较高的生活满意度；积极情绪的平均值为4.58分（$SD = 1.09$），高于理论中值（4分），表明调查对象具有较多的积极情绪体验；消极情绪的平均值为3.15分（$SD = 1.03$），低于理论中值（4分），表明调查对象具有较少的消极情绪体验。意义导向维度的平均值为4.92分（$SD = 0.96$），享乐导向维度的平均值为4.81

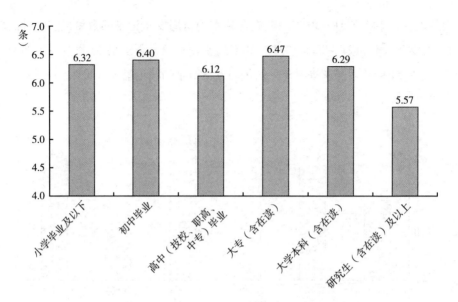

图 12　不同受教育程度的调查对象平均每周发布记录的数量

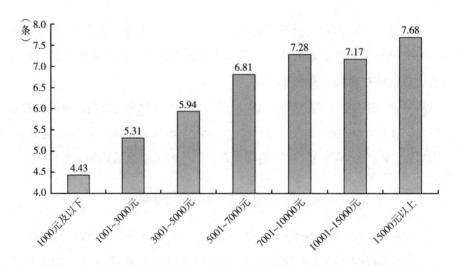

图 13　不同月收入的调查对象平均每周发布记录的数量

分（$SD = 0.96$），投入导向维度的平均值为 4.85 分（$SD = 0.97$），均高于理论中值（4 分），表明调查对象都比较认同这三个维度，且对意义导向维度最认同。

表 2　幸福感对手机与社交软件使用的回归分析结果

	变量	生活满意度(β)	积极情绪(β)	消极情绪(β)	意义导向(β)	享乐导向(β)	投入导向(β)
模型 1	性别	-0.01	-0.07***	0.12***	-0.04***	-0.10***	-0.04**
	年龄	-0.02	-0.00	-0.01	-0.10***	-0.13***	-0.06***
	受教育程度	0.04**	0.12***	-0.21***	0.15***	0.10***	0.11***
	月收入	0.16***	0.08***	0.02	0.04***	0.06***	0.09***
	R^2	0.03	0.03	0.06	0.05	0.05	0.03
	ΔR^2	0.03	0.03	0.06	0.05	0.04	0.03
	F	64.38***	67.70***	131.49***	100.99***	98.07***	66.40***
模型 2	性别	0.01	-0.06***	0.08***	-0.01	-0.06***	-0.00
	年龄	0.02	0.04**	-0.06***	-0.05***	-0.08***	-0.01
	受教育程度	0.00	0.08***	-0.15***	0.08***	0.04**	0.04**
	月收入	0.14***	0.05***	0.05***	0.00	0.03**	0.06***
	利用手机消费情况	0.06***	0.16***	-0.11***	0.12***	0.10***	0.11***
	使用社交软件记录生活情况	0.15***	0.11***	-0.23***	0.25***	0.22***	0.24***
	R^2	0.06	0.07	0.12	0.12	0.10	0.10
	ΔR^2	0.06	0.07	0.12	0.12	0.10	0.10
	F	80.86***	99.37***	186.52***	182.76***	152.88***	151.25***

注：* 表示 $p < 0.05$，** 表示 $p < 0.01$，*** 表示 $p < 0.001$。下同。

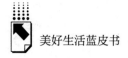

为探讨手机与社交软件的使用对幸福感的影响，本研究以利用手机消费情况和使用社交软件记录生活情况（1 = 会利用社交软件记录，0 = 不会利用社交软件记录）为自变量，分别以生活满意度、积极情绪、消极情绪、意义导向、享乐导向和投入导向为因变量进行多重线性回归分析。为剔除性别（1 = 男，0 = 女）、年龄、受教育程度和月收入等人口学变量的影响，把这些人口学变量作为控制变量放在第一层，把利用手机消费情况和使用社交软件记录生活情况放在第二层，每层自变量采用全部进入（Enter）的方式，结果见表2。在控制了人口学变量后，调查对象利用手机消费情况和使用社交软件记录生活情况能够显著正向预测其生活满意度、积极情绪、意义导向、享乐导向和投入导向，显著负向预测其消极情绪，表明手机与社交软件的使用对幸福感有显著影响。具体来说，调查对象利用手机消费的操作越熟练，就越感到幸福；会利用社交软件记录生活的调查对象比不会使用的调查对象更幸福。

为进一步探讨使用社交软件记录生活的特征（如发布记录的数量、记录方式、使用的社交软件等）对幸福感的影响，本研究以平均每周发布记录的数量、记录方式（选取了使用人数最多的三种方式：文字、图片和视频）和使用的社交软件（选取了使用人数最多的三种社交软件：微信、新浪微博和QQ）为自变量，分别以生活满意度、积极情绪、消极情绪、意义导向、享乐导向和投入导向为因变量进行多重线性回归分析。同样把人口学变量作为控制变量放在第一层，把使用社交软件记录生活的特征放在第二层，每层自变量采用全部进入（Enter）的方式，结果见表3。在控制了人口学变量后，调查对象平均每周发布记录的数量能够显著正向预测其生活满意度、积极情绪、意义导向、享乐导向和投入导向。平均每周发布记录的数量越多、受访者越感到幸福。此外，调查对象记录生活的方式对幸福感有显著影响，调查对象记录生活使用的社交软件对幸福感也有显著影响。具体来说，使用微信的调查对象比不使用的调查对象有更多的积极情绪、更少的消极情绪，也能够正向预测其意义导向、享乐导向和投入导向。

表 3 幸福感对使用社交软件记录生活情况的回归分析结果

	变量	生活满意度(β)	积极情绪(β)	消极情绪(β)	意义导向(β)	享乐导向(β)	投入导向(β)
模型 1	性别	0.01	−0.05***	0.04**	0.03**	−0.04**	0.03*
	年龄	−0.00	0.02	−0.05***	−0.08***	−0.10***	−0.04*
	受教育程度	0.00	0.11***	−0.11***	0.07***	0.02	0.03
	月收入	0.16***	0.08***	0.00	0.06***	0.07***	0.10***
	R^2	0.03	0.02	0.01	0.02	0.01	0.01
	ΔR^2	0.03	0.02	0.01	0.02	0.01	0.01
	F	44.01***	38.94***	22.50***	27.12***	22.72***	22.54***
模型 2	性别	0.02	−0.04**	0.01	0.04***	−0.02	0.05***
	年龄	0.00	0.03	−0.06***	−0.07***	−0.10***	−0.02
	受教育程度	0.01	0.10***	−0.07***	0.05***	0.00	0.02
	月收入	0.14***	0.06***	−0.00	0.04**	0.05**	0.08***
	平均每周发布记录的数量	0.15***	0.11***	−0.02	0.12***	0.09***	0.14***
	记录方式：文字	−0.01	0.04**	−0.12***	0.07***	0.03*	0.04**
	记录方式：图片	0.00	0.05***	−0.11***	0.02	0.04**	0.02
	记录方式：视频	0.05***	0.04**	−0.01	0.03*	0.04**	0.03*
	使用的社交软件：微信	0.04**	0.07***	−0.17***	0.15***	0.13***	0.15***
	使用的社交软件：新浪微博	−0.03*	−0.01	0.03**	−0.02	−0.00	−0.02
	使用的社交软件：QQ	0.02	0.01	0.00	0.04**	−0.00	0.04**
	R^2	0.06	0.05	0.09	0.07	0.05	0.07
	ΔR^2	0.06	0.05	0.09	0.07	0.05	0.07
	F	34.07***	32.04***	58.49***	42.82***	28.56***	41.29***

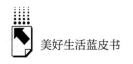

四 讨论和结论

（一）不同调查对象使用手机和社交软件的情况

在利用手机消费（办理转账、购票、挂号等）方面，调查结果显示，绝大多数调查对象不同程度上会利用手机消费，平均水平接近"比较熟练"，男性和女性在这方面不存在显著的差异。从年龄来看，21～30 岁的调查对象利用手机消费的熟练程度最高，之后呈现年龄越大、利用手机消费的熟练程度越低的趋势；从受教育程度和月收入来看，受教育程度在研究生（含在读）及以上、月收入在 10001～15000 元的调查对象利用手机消费的熟练程度最高，总体呈现受教育程度越高、收入水平越高、利用手机消费的熟练程度越高的趋势。

在使用社交软件记录生活方面，75.7% 的调查对象表示会使用一些社交软件记录自己的生活。另外，年龄在 30 岁及以下、受教育程度在大专（含在读）及以上、月收入在 7000 元以上的调查对象利用社交软件记录生活的比例较高，说明在上述几类人群中，使用社交软件记录生活更为普遍。

从使用社交软件记录生活的方式来看，图片是使用最为广泛的方式，在会使用社交软件记录生活的人群中，使用率为 77.9%；其次是文字，使用率为 70.0%；使用视频的人也较多，使用率为 60.9%；使用直播的人还比较少，使用率仅为 7.8%。从性别来看，图片和文字方式在女性中有更高的使用率，而视频和直播方式在男性中有更高的使用率。换句话说，女性更倾向使用图片和文字来记录生活，而男性更倾向使用视频和直播来记录生活。

从所使用的社交软件来看，微信、QQ 和新浪微博是使用人数最多的三种社交软件，在会使用社交软件记录生活的人群中，使用率分别为 85.0%、56.1% 和 39.2%；另外，抖音、腾讯微视和快手也有一定的使用人数，使用率分别为 26.8%、11.8% 和 9.9%；其他社交软件的使用率均在 10% 以下。在使用率最高的三种社交软件中，微信在不同年龄、不同受教育程度和不同月收入的人群中都有很高的使用率，除 61 岁及以上（71.3%）的人群外，在其他各类人群中的使用率均在 75.0% 以上；QQ 在 20 岁及以下、高中（技校、职高、中专）毕业至大学本科（含在读）学历、月收入在 1000 元及以下的人群中有较高的使用率（均在 56.0% 以上）；而新浪微博在 21～30 岁和 31～40 岁、研究生（含在读）及以上学历、月收入在 10000 元以上的人群中有较高的使用率（均在 39.0% 以上），且总体呈现受教育程度越高、月收入越高、新浪微博的使用率越高的趋势。从调查结果来看，微信、QQ 和新浪微博虽然都是记录生活的重要工具，但其用户特征还是有所差别的，微信是所有人群都普遍使用的工具，而 QQ 相对来说更为中等学历的被访者所偏爱，新浪微博则更为高学历、高收入的被访者所偏爱。

从使用社交软件的数量特征来看，记录方式上，调查对象平均使用 2.17 种记录方式，其中，男性平均使用 2.14 种，女性平均使用 2.21 种，女性显著高于男性；使用的社交软件数量上，调查对象平均使用 2.59 种社交软件来记录自己的生活，其中，男性平均使用 2.55 种，女性平均使用 2.64 种，女性显著高于男性；发布记录的数量上，调查对象平均每周发布 6.27 条记录，男性和女性没有差异。也就是说，女性虽然使用更多的方式、更多的社交软件来记录自己的生活，但平均每周发布记录的数量与男性没有区别。

（二）手机与社交软件的使用对幸福感的影响

在控制了性别、年龄、受教育程度和月收入等人口学变量后，调查对象利用手机消费情况和使用社交软件记录生活的情况能够显著正向预测其幸福感。具体来说，调查对象利用手机消费这一操作越熟练，就越感到幸福；会利用社交软件记录生活的调查对象比不会利用的调查对象更幸福。调查对象使用社交软件记录生活的各种特征（如发布记录的数量、记录方式、使用的社交软件等）对其幸福感也有一定的影响。平均每周发布记录的数量对幸福感的各项指标（除消极情绪外）有显著影响，即平均每周发布记录的数量越多，受访者越幸福。从使用的社交软件来看，微信对幸福感的各项指标有显著的正向预测作用（除消极情绪外），即使用微信的群体比不使用的群体更幸福；新浪微博对生活满意度有负向预测作用、对消极情绪有正向预测作用，即使用新浪微博的群体比不使用的群体有更低的生活满意度和更多的消极情绪；而 QQ 对意义导向和投入导向有正向预测作用。调查结果表明，使用微信和 QQ 对幸福感有积极影响，而使用新浪微博对幸福感有消极影响。

参考文献

黄含韵：《中国青少年社交媒体使用与沉迷现状：亲和动机、印象管理与社会资本》，《新闻与传播研究》2015 年第 10 期。

刘勤学、杨燕、林悦等：《智能手机成瘾：概念、测量及影响因素》，《中国临床心理学杂志》2017 年第 1 期。

刘振声：《社交媒体依赖与媒介需求研究——以大学生微博依赖为例》，《新闻大学》2013 年第 1 期。

王燕、李悦、金一波：《幸福感研究综述》，《心理研究》2010 年第 2 期。

韦路：《媒介能使我们感到更幸福吗——媒介与主观幸福感研究述评》，《当代传播》2010 年第 4 期。

严标宾、郑雪、邱林：《主观幸福感研究综述》，《自然辩证法通讯》2004 年第 2 期。

周芳、刘儒德、郭明佳等：《青少年消极情绪对网络成瘾的影响：幸福倾向的调节作用》，《中国临床心理学杂志》2017 年第 2 期。

周蜀溪：《社会支持与真实幸福感的关系：希望的中介作用》，《中国临床心理学杂志》2013 年第 3 期。

祝阳、方国阳、王苏君：《微信社交依赖对大学生社交焦虑的影响研究》，《北京邮电大学学报》（社会科学版）2017 年第 4 期。

Diener, E., Emmons, R. A., Larsen, R. J., et al., "The Satisfaction with Life Scale", *Journal of Personality Assessment* 49 (1985).

Manago, A. M. , Vaughn, L. , "Social Media, Friendship, and Happiness in the Millennial Generation", *Friendship and Happiness* (2015) .

Meng, J. , Martinez, L. , Holmstrom, A. , et al. , "Research on Social Networking Sites and Social Support from 2004 To 2015: A Narrative Review and Directions for Future Research", *Cyberpsychology, Behavior, and Social Networking* (2016) .

Abstract

This book examines the basic situation of people's needs for a better life, and analyzes the influence of youth group characteristics, regional urban characteristics and social class factors. The research team compiled the "Better Life Needs Scale" and measured the better life needs of people nationwide. The results show that people have higher needs for a better life in the three dimensions of national society, family relations and personal material, and pay more attention to the needs of the dimensions of national level and family relations. There are certain differences in the better life of different gender, different age, different education level and different monthly income groups. Youth groups have higher evaluation of the needs for a better life in the dimension of national social and family relations, and 18 – 25-year-old groups have higher scores than 26 – 35-year-old groups. With the improvement of education level and monthly income, the stronger the need for a better life. By comparing the better living conditions of the four major regions, cities of different grades (development level), Beijing – Tianjin – Hebei, Yangtze River Delta and Pearl River Delta, it is found that the people in the central region have the lowest better life experience. Third-tier cities have the best better life experience, while second-tier cities have the lowest experience of a better life.

In the evaluation section, this book examines people's quality of life and better living conditions, and on this basis discusses the impact of better life needs and better life experiences on mental health. By examining and comparing the quality of life evaluation of the people in the four dimensions of physiological condition, psychological condition, social relations and environment, the researchers found that the people scored the highest in the dimensions of physiological condition and social relations and the lowest in the dimensions of environment. Women are significantly higher than men in physiological dimensions only, and there is no significant difference in other dimensions. The study on the impact of the need for a better life on individual mental health shows that the three dimensions of the need for a better life have significant impact on mental health, and the need for a better life and negative emotional state have significant negative correlation.

In the experience part, this book discusses related topics such as family closeness index, the influence of interpersonal communication on the needs of a better life and a better life experience, the participation of residents' cultural activities, the use of social software and its impact on happiness. The family closeness index takes the family living space as the scene and carrier, and constructs an index system of five dimensions: the mode of residence, the fit of ideas, the resonance of emotion, the frequency of communication and the tolerance of contradictions. It divides Chinese family types into perfect harmony type, long flow type, prominent contradiction type, consistent value type, close communication type, emotional resonance type and spatial unity type. Neighbor communication and social support system have a positive impact on individual needs for a better life and experience. The stronger the individual with social support system needs for a better life, the better the experience level of a better life. There are significant age differences in the degree of different cultural activities, and the number of people after "80" participating in cultural activities is the least. The vast majority of respondents said they would use some social software to record their lives. Among them, Wechat, QQ and Weibo are the three most used social software. The respondents used mobile phone consumption and social software to record their lives, which can significantly predict their happiness.

Keywords: Chinese People; Better Life; Needs of a Better Life Scale

Contents

I   General Report

Abstract: The report of the 19th National Congress of the Communist Party of China clearly pointed out that "the main contradiction in our society has been transformed into a contradiction between the people's growing need for a better life and the development of an inadequate balance". The people's need for a better life has not only received the attention of the party and the government, but has also been explored by scholars in various fields such as sociology and psychology. This study explores the people's needs of a good life in their own mind nation widely through a self-made questionnaire "Needs of a Better Life Scale". The results show that people have high level of needs for the good life on the subscales of country and society, family relations and personal materials. The general demographic variables such as gender, birth year, education level and personal monthly income also have a certain impact on the needs of a better life. This study also compared people's needs for a better life before and during the NCP outbreak in order to assess the impact of the epidemic on the needs of a better life.

Keywords: Needs of a Better Life; Needs of a Better Life Scale; NCP

II Topical Reports

Abstract：In the report of the Nineteenth Party Congress, the importance of the people's need for a better life was highlighted. The researchers in the academic area paid attention to the commonality and individuality of different individuals in the needs of a better life. As an important part of society, the youth group has assumed the role of the mainstay. The better life needs of this group should also receive special attentions. This study examined the differences in the needs of the 18 to 25 − year − old youth group and the 26 to 35 − year − old youth group and other groups over the age of 35 through a questionnaire survey. The study adopted the " Needs of a Better Life Scale" and conducted surveys nationwide through online survey app. The results show that young people's evaluation of the better life needs of the country & society and family relations are more important. The importance evaluation of the 18 −25 age group is higher than that of the 26 −35 age group. The interaction of youth group and gender, education, monthly income, and housing situation also significantly affects the importance evaluation of individuals' needs for a better life.

Keywords：Youth Group；Needs of a Better Life；Demographic Variables；Interaction

Abstract：Based on the analysis of data from Better Life Survey 2019, this report revealed the scores of better life including two components of experiences on a better life and needs for a better life. The experiences and needs related with

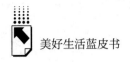

better life have three dimensions, nation and society, individual materiality, family relation. The report showed the extent of better life among four types of areas, among cities with different urban development level and among Yangtze River Delta metropolitan area, Beijing－Tianjin－Hebei metropolitan area, Pearl River Delta metropolitan area.

Keywords: Experiences on a Better Life; Needs of a Better Life; Urban Agglomeration; Urban Development

B. 4　Report On the Better Life of the People in Different Subjective Social Status（2020）

Gao Wenjun / 074

Abstract: This study analyzes the characteristics of the better life of the people in different subjective social status. The better life are divided into two aspects: needs and experience, including the three dimensions of national society, individual material and family relationship. It is found that objective socioeconomic status will affect the better life of respondents. People with different identity in social class have differences in their better life needs and better life experiences.

Keywords: Needs of a Better Life; Experiences on a Better Life; Subjective Social Status

Ⅲ　Evaluation Reports

B. 5　Research on the Current Situation and Its Influencing Factors about People's Quality of Life

Dou Xuejiao, Tan Xuyun / 090

Abstract: The quality of life is a multi－layered concept with rich connotation, and its evaluation indexes involve many aspects, such as physical and psychological health, economy, society and environment. This report by investigating and comparing the quality of Life evaluation of the public in four fields, namely Life, psychology, social relations and environment, the report aims to understand the current quality of Life of Chinese people. Meanwhile, the effects of gender, age, household registration and other demographic variables as well as subjective social class and objective social status on quality of life were further investigated. The results showed that the public scored the highest in physiology and social relations, and the lowest in environment. Women are significantly higher than men only in the physiological field; There were significant age differences in physiological and social relationships. Heavier stress on raising children and supporting the elderly will reduce the evaluation of life quality; With the increase of objective social status, people's evaluation of the quality of life in various fields is on the rise.

Keywords: Quality of Life; Objective Social Status; Class Expectation

B. 6 The Influence of Needs of a Better Life on the Mental Health

Liu Xiaoliu, Wang Junxiu / 111

Abstract: Unbalanced development may bring about problems of social structure. From the perspective of mental health, social structure will affect the individual's mental health. Therefore, this study will explore the impact of needs of a better life on the individual's mental health. This study will use the method of questionnaire survey to evaluate the importance of individual's needs for a better life and mental health status, and use multiple regression analysis to explore the impact of demographic variables and needs of a better life on mental health. The study also found that among different genders, ages, and education groups, the impacts of needs of a better life on mental health are slightly different.

Keywords: Needs of a Better Life; Mental Health; Moderation Effect

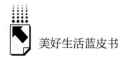

B. 7   The Influence of Time Use on Citizens' Life Satisfaction

Miao Ruikai / 140

Abstract：The use of time is an important indicator of lifestyle and quality of life. This report analyzing the current time use characteristics of citizen, and discussing the influence of time use on life satisfaction. The results showed that：Women, post-70s, citizens with postgraduate, citizens with foreign ruralhousehold registration and citizens with income of $7,001 \sim 10,000$ yuan have relatively long working hours. Men, post -80s, citizens with high school education, citizens with foreign city household registration, and citizens with income of $5001 \sim 7000$ yuan have relatively long commuting time. Women, post -80s, citizens with college degree, citizens with foreign rural household registration and citizens with income of $3,001 \sim 5,000$ yuan have relatively short exercise time. Men, post -80s, citizens with high school education, citizens with foreign city household registration and citizens with income of $5001 \sim 7000$ yuan have relatively short leisure and entertainment time. Time use has a significant influence on life satisfaction. The longer the time spent in physical exercise, the higher the life satisfaction, while working time, commuting time and leisure time show the opposite effect.

Keywords：Working Time；Time Use；Life Satisfaction

Ⅳ   Experience

B. 8   Report On Close Relationship Index of Chinese Family (2020)

Xiao Mingchao / 153

Abstract：Family culture is the core of Chinese traditional culture. As the link of a society, family culture influences the mainstream value orientation of the society. Following the development of social economy, the family structure presents the trend of miniaturization, and the increase of social pressure and the technology products, such as mobile phone , occupy the time and the decide the way of communication between family members. Furthermore, Chinese family relations are challenged by more and more factors, and the "relationship estrangement" between family members has became a social problem with great concerns. Through the key methodology of face −to −face in −depth interviews and online quantitative research on typical families, with the "closeness" as the a core, notably focusing on closeness index, this topic deeply interprets the current situation of Chinese families' closeness, and proposes methods to enhance family closeness and create family atmosphere and culture, which are of great social significance.

Keywords: Family Relationship; Alienation; Close Relationship; Closeness

B. 9   The Influence of Interpersonal Interaction on People's Better Life

Chen Manqi / 168

Abstract: This study examines how interpersonal interaction affect people's better life needs and experiences, and which aspects of interpersonal interaction are more influential. The study found that neighboring contacts and social support systems had a positive impact on the individual's better life needs and good life experience; the social support system had the greatest impact on the national social dimension and family relationship dimension, and the frequency of neighbor interaction has the greatest impact on the personal material dimension.

Keywords: Interpersonal Interaction; Needs of a Better Life; Experiences on a Better Life

B. 10   Analysis of Residents' Participation in Cultural Activities and its Influencing Factors   *Liu Yangyang* / 180

Abstract: As socialism with Chinese characteristics has entered a new era,

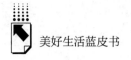
美好生活蓝皮书

meeting the growing spiritual cultural needs of the people and creating a better life have become an important goal of China's social development. As an important part of the construction of a better life, cultural life also plays a pivotal role in the construction of spiritual civilization. This paper analyzes the cultural activities of Chinese residents. The results show that cultural activities have significant differences in different groups. Young people have the highest degree of participation in recreational activities, while middle −aged and elderly people have the highest degree of participation in learning activities. The post −80s group has the lowest degree of participation in recreational activities, recreational activities and learning activities.

Keywords: Better Life; Cultural Activity; Age Group Trend

B. 11   The Use of Mobile Phones and Social Software Among Chinese People and Their Impact On Happiness

Zhou Yingnan / 198

Abstract: The current study took the use of mobile phones for life services and the use of new media to record life as examples, explored the use of mobile phones and new media and their impact on happiness of Chinese people through a national survey. The results showed that most of the participants use mobile phones for life services to some extent; Most of the participants reported that they would use some new media to record their lives, among which WeChat moments, QQ space and sina weibo were the three applications with the highest utilization rate. After controlling the demographic variables, the degree of using mobile phones for life services and whether use new media to record life can significantly predict their happiness.

Keywords: Mobile Phone; Social Software; Life Service; Recording Life; Happiness

权威报告·一手数据·特色资源

皮书数据库
ANNUAL REPORT(YEARBOOK)
DATABASE

分析解读当下中国发展变迁的高端智库平台

所获荣誉

- 2019年，入围国家新闻出版署数字出版精品遴选推荐计划项目
- 2016年，入选"'十三五'国家重点电子出版物出版规划骨干工程"
- 2015年，荣获"搜索中国正能量 点赞2015""创新中国科技创新奖"
- 2013年，荣获"中国出版政府奖·网络出版物奖"提名奖
- 连续多年荣获中国数字出版博览会"数字出版·优秀品牌"奖

成为会员

通过网址www.pishu.com.cn访问皮书数据库网站或下载皮书数据库APP，进行手机号码验证或邮箱验证即可成为皮书数据库会员。

会员福利

- 已注册用户购书后可免费获赠100元皮书数据库充值卡。刮开充值卡涂层获取充值密码，登录并进入"会员中心"—"在线充值"—"充值卡充值"，充值成功即可购买和查看数据库内容。
- 会员福利最终解释权归社会科学文献出版社所有。

数据库服务热线：400-008-6695
数据库服务QQ：2475522410
数据库服务邮箱：database@ssap.cn
图书销售热线：010-59367070/7028
图书服务QQ：1265056568
图书服务邮箱：duzhe@ssap.cn

社会科学文献出版社 皮书系列
SOCIAL SCIENCES ACADEMIC PRESS (CHINA)
卡号：597442844823
密码：

S 基本子库
SUB DATABASE

中国社会发展数据库（下设 12 个子库）

整合国内外中国社会发展研究成果，汇聚独家统计数据、深度分析报告，涉及社会、人口、政治、教育、法律等 12 个领域，为了解中国社会发展动态、跟踪社会核心热点、分析社会发展趋势提供一站式资源搜索和数据服务。

中国经济发展数据库（下设 12 个子库）

围绕国内外中国经济发展主题研究报告、学术资讯、基础数据等资料构建，内容涵盖宏观经济、农业经济、工业经济、产业经济等 12 个重点经济领域，为实时掌控经济运行态势、把握经济发展规律、洞察经济形势、进行经济决策提供参考和依据。

中国行业发展数据库（下设 17 个子库）

以中国国民经济行业分类为依据，覆盖金融业、旅游、医疗卫生、交通运输、能源矿产等 100 多个行业，跟踪分析国民经济相关行业市场运行状况和政策导向，汇集行业发展前沿资讯，为投资、从业及各种经济决策提供理论基础和实践指导。

中国区域发展数据库（下设 6 个子库）

对中国特定区域内的经济、社会、文化等领域现状与发展情况进行深度分析和预测，研究层级至县及县以下行政区，涉及地区、区域经济体、城市、农村等不同维度，为地方经济社会宏观态势研究、发展经验研究、案例分析提供数据服务。

中国文化传媒数据库（下设 18 个子库）

汇聚文化传媒领域专家观点、热点资讯，梳理国内外中国文化发展相关学术研究成果、一手统计数据，涵盖文化产业、新闻传播、电影娱乐、文学艺术、群众文化等 18 个重点研究领域。为文化传媒研究提供相关数据、研究报告和综合分析服务。

世界经济与国际关系数据库（下设 6 个子库）

立足"皮书系列"世界经济、国际关系相关学术资源，整合世界经济、国际政治、世界文化与科技、全球性问题、国际组织与国际法、区域研究 6 大领域研究成果，为世界经济与国际关系研究提供全方位数据分析，为决策和形势研判提供参考。

法律声明

"皮书系列"（含蓝皮书、绿皮书、黄皮书）之品牌由社会科学文献出版社最早使用并持续至今，现已被中国图书市场所熟知。"皮书系列"的相关商标已在中华人民共和国国家工商行政管理总局商标局注册，如LOGO（　）、皮书、Pishu、经济蓝皮书、社会蓝皮书等。"皮书系列"图书的注册商标专用权及封面设计、版式设计的著作权均为社会科学文献出版社所有。未经社会科学文献出版社书面授权许可，任何使用与"皮书系列"图书注册商标、封面设计、版式设计相同或者近似的文字、图形或其组合的行为均系侵权行为。

经作者授权，本书的专有出版权及信息网络传播权等为社会科学文献出版社享有。未经社会科学文献出版社书面授权许可，任何就本书内容的复制、发行或以数字形式进行网络传播的行为均系侵权行为。

社会科学文献出版社将通过法律途径追究上述侵权行为的法律责任，维护自身合法权益。

欢迎社会各界人士对侵犯社会科学文献出版社上述权利的侵权行为进行举报。电话：010-59367121，电子邮箱：fawubu@ssap.cn。

社会科学文献出版社